Lettres de Vincent Van Gogh

à Émile Bernard

publiées par Ambroise Vollard

6 Rue Laffitte

PARIS

1911

LETTRES

DE

VINCENT VAN GOGH

A

EMILE BERNARD

Les REPRODUCTIONS en couleurs sont de la maison
SADAG.

Les DESSINS II, III, VI, VII, VIII, IX, X, XII,
XIII, XVI, L, LI, LII, LXVII, sont dûs à l'Iso-
graphie VAN MEURS, Overtoom, 230, Amsterdam.

Les DESSINS et TABLEAUX du n° LXXX au n° XCVI
sont dûs au PROCÉDÉ DRUET.

LETTRES

DE

VINCENT VAN GOGH

A

EMILE BERNARD

PUBLIÉES
 PAR
AMBROISE VOLLARD

PARIS
6, RUE LAFFITTE
1911

RECUEIL des PUBLICATIONS

sur VINCENT VAN GOGH

FAITES DEPUIS SON DÉCÈS

par EMILE BERNARD

PRÉCÉDÉES D'UNE PRÉFACE NOUVELLE

PAR LE MÊME AUTEUR

Portrait de VINCENT VAN GOGH, par lui-même

PRÉFACE

I

Depuis le vingt-neuf juillet mil-huit-cent-quatre-vingt-dix, date à laquelle Vincent Van Gogh était enfoui dans le petit cimetière d'Auvers-sur-Oise, celui qui était mort obscur et dont les œuvres presque jetées au rebut garnissaient quelques misérables boutiques des brocanteurs en plein air du boulevard Clichy ou Rochechouart, a grandi en artiste apprécié, recherché des amateurs et des marchands. Soigneusement comptées et cataloguées, ses toiles figurent désormais dans les galeries d'Allemagne et de France, dans les musées de la Hollande, sa patrie. Il ne sera donc pas inutile qu'un compagnon de lutte, vivement frappé par la perte prématurée de son ami et qui lui garda un sincère dévouement, remémore les phases par lesquelles passèrent ses ouvrages et sa réputation, avant que d'atteindre à cette sorte de gloire enthousiaste et absolue où les voici placés. Depuis son malheureux suicide jusqu'à ce jour, Vincent Van Gogh, par une ironie singulière de la Renommée, si complaisante à hanter les tombeaux, n'a cessé de monter dans l'opinion ; et tel critique qui de son vivant se détournait avec répulsion de ses peintures, vient aujourd'hui grossir le nombre des snobs, qu'entraîne toujours

1

le courant de la mode, et enfler un volume inutile de ses points d'exclamation admiratifs.

Si seulement ce critique avait eu la patience de regarder ce qu'on lui montrait, il eût peut-être vu avec discernement ce qu'il y avait de singulier dans le tempérament de Van Gogh ; mais, de même qu'autrefois, il ne voulait rien accepter, aujourd'hui, entraîné par je ne sais quel fanatisme, il accepte tout ; y compris ce que l'artiste lui-même eût condamné, si sa vie avait eu la grâce d'une plus longue floraison.

C'est que le moderne en général, ne sait rien faire à demi, ce qui l'entraîne à se jeter d'un abîme dans un autre, à courir d'un pôle à un autre pôle, sans pouvoir trouver cet *in medio* où se tient la puissance ordonnatrice des harmonies.

Un fait assez curieux, et qui déroutera longtemps les acheteurs et les artistes, est celui-ci : Vincent ne vendit pas une seule toile au delà de quelques francs ; plus souvent il les donna pour s'en défaire et soulager le logis de son aîné Théo, qui en était véritablement envahi.

Lorsqu'il mourut, cet héritage encombrant, ne constituait pas un sou vaillant à son frère, qui non seulement ne reçut alors aucune offre d'achat, mais ne put trouver une galerie où en exposer la moindre partie. Le dix-huit septembre mil-huit-cent-quatre-vingt-dix, Théo m'écrivait :

« Il vous paraîtra peut-être audacieux que je vienne comme cela carrément, vous demander un service, mais il s'agit peu de moi et beaucoup de Vincent. Lui vivant, vous savez que nous avons décidé de déménager, afin de pouvoir montrer plus aisément ses tableaux. Nous sommes déménagés en ce moment ; mais la quantité des tableaux est accablante. Je ne m'en sors pas pour organiser l'ensemble qui puisse donner un aperçu de son œuvre. Quand j'ai vu à Auvers comme vous étiez adroit pour organiser, il m'était déjà venu à l'idée, quand il y aurait

une exposition à faire, de vous prier de nous prêter votre
aide. Durand Ruel refusant absolument d'exposer, je ne puis
pour le moment qu'en accrocher autant que se peut chez moi,
afin de les faire voir à toute personne qui témoignerait le désir
de connaître l'œuvre de mon frère. Bref, voudriez-vous me
donner un coup de main pour en sortir? Vous savez que le
malheur est que je n'ai presque pas le temps la semaine et que
vous n'avez pas le temps le dimanche.

. . . .

La semaine prochaine, je suis tenu par un étranger à qui il
faut que j'essaie de vendre d'affreux tableaux. Donc, voulez-
vous samedi? Moi je pourrai alors continuer à accrocher dimanche, lorsque notre plan sera arrêté.

Je tàcherai de venir au moins une partie du samedi pour
convenir de l'ensemble. Aussitôt cette lettre reçue, envoyez-
moi un mot, s'il vous plait, pour que je sache à quoi m'en tenir.
Si vous acceptez, il faut que nous commencions le matin, à
neuf heures, par exemple.

J'irai alors au magasin une fois dans la matinée et une fois
dans l'après-midi. J'espère que je n'interromprai pas un travail
intéressant auquel peut-être vous êtes en train.

J'espère en vous.

Bonne poignée de main. Croyez-moi votre bien dévoué.

THÉODORE VAN GOGH.

Je répondis affirmativement à cette lettre, et je me rendais le
samedi chez Théodore. L'accrochage se fit assez vite ; il s'en
remettait absolument à moi.

Quand il fut fini, les pièces avaient l'air d'une suite de salles
de musée, car je n'avais pas laissé un vide sur les murs. Mon
soin consistait à suivre une idée de Vincent, dont il m'avait
souvent parlé dans ses lettres : faire chanter une toile par le
voisinage d'une autre ; mettre une gamme de jaune auprès

d'une gamme de bleu, une gamme de vert auprès d'une de
rouge, etc... Il y avait là la *Berceuse* verte, qui resplendissait
entre les soleils jaune et orange comme une madone de village
entre deux candélabres d'or. Quand tout fut fini, afin de mas-
quer les maisons d'en face et de créer une intimité dans cette
galerie dédiée à la mémoire de l'ami, je transformai une fenêtre
en vitrail, y peignant à l'essence le *Semeur*, le *Berger*, les
Meules, tableau champêtre résumant les affections rurales de
Van Gogh.

Mais hélas ! ce reposoir ne fut pas dressé pour longtemps,
nous l'avions à peine achevé que Théodore, frappé au cœur
par le suicide de son frère, perdit la raison et s'affaissa, para-
lysé. Les soins les plus assidus lui furent prodigués inutile-
ment. On le transporta en Hollande où il mourut six mois
après.

Je n'avais pas renoncé à faire connaître Vincent. Des amis,
des artistes, amenés par moi dans la cité Pigalle, à l'appartement du frère Théo, reconnaissaient son mérite de coloriste,
son originalité, sa fougue, son ardente nature de peintre. Je
fis des photographies et je les répandis par souscription.

Madame Van Gogh, dans sa précipitation à conduire son
mari en Hollande, avait dû laisser l'appartement de Paris à
l'abandon.

Bientôt, elle demanda qu'on lui expédiât les toiles. Je me
chargeai de veiller à l'emballage. Par un scrupule de sentiment facile à comprendre, elle ne voulait pas revenir en France,
à Paris, dans le lieu où s'était déroulé la plus cruelle tragédie.

Elle se retira à Bussum, près Amsterdam, et ouvrit une pension. « C'est une belle maison, m'écrivait-elle alors, et nous y
serons plus grandement logés, bébé, les tableaux et moi, que
dans notre appartement de la Cité, où, pourtant, nous étions
si bien, où j'ai passé les jours les plus heureux de ma vie. Vous
ne devez donc pas craindre que les tableaux soient mis au

grenier ou dans des cabinets noirs, toute la maison en sera décorée, et j'espère que vous viendrez une fois voir en Hollande si j'en ai pris bien soin ». Madame Van Gogh était très désireuse de mettre à exécution le projet de son mari ; elle poursuivait l'idée de faire une exposition de Vincent ; elle mettait six cents francs à ma merci pour cela ; mais alors les galeries étaient peu nombreuses et très chères. Cette somme ne put rien me permettre. Je résolus de faire une exposition sans frais aucun, chez Lebarcq de Boutteville qui, justement, était mon ami et montrait mes toiles. Alors que tout fut retourné en Hollande, et que seul Tanguy, le marchand de couleurs de la rue Clauzel, avait encore quelques tableaux, je fis chez Boutteville l'exposition de Vincent. Il voulut bien, à cet effet, me prêter sa salle durant un mois. Je gravai moi-même, sur un bois grossier le catalogue qui comportait quatorze pièces de dimension (*).

Ce qui m'étonna le plus en cette occurrence, ce fut l'attitude de Paul Gauguin. Il était ami des Van Gogh et avait reçu d'eux beaucoup de services, il leur devait son existence journalière, et de plus avait été lancé auprès des amateurs de la maison Boussod et Valadon (aujourd'hui Manzi-Joyant), par Théodore.

Vincent écrivait de lui à son frère : « Tu peux dire hardiment à Gauguin, de ma part, que tel est décidément mon avis : Que dans son intérêt et l'intérêt des affaires elles-mêmes, ses prix étaient dérisoires » (**).

« J'ai pensé à Gauguin et voici : si Gauguin veut venir ici, il y a son voyage et il y a les deux lits ou les deux matelas que nous devons acheter absolument..., et pour le même argent que je dépense moi seul nous vivrons à deux ».

(*) Voir la reproduction de ce catalogue.

(**) *Mercure*, Novembre 1893.

« J'ai reçu une lettre de Gauguin qui me dit avoir reçu de toi une lettre contenant ... francs, ce dont il était très touché (*).

En reconnaissance de tous ces actes de générosité, qui furent fréquents chez les Van Gogh, Gauguin informé par moi de mon projet d'exposer les ouvrages de Vincent, dépêcha à Paris le peintre de Haan, un hollandais avec qui il vivait au Pouldù et qui était son élève et son serviteur, afin de venir empêcher l'exposition que je préparais à Paris. Il m'écrivait et me faisait dire qu'il était peu politique vraiment d'exhiber les œuvres d'un fou, et que j'allais compromettre tout par un mouvement irréfléchi : lui, moi-même et nos amis les synthé-tistes. Naturellement je ne voulus point accéder à ces opinions dont l'intérêt me blessa, et j'accomplis mon projet, qui n'eut d'ailleurs aucun retentissement. Albert Aurier, que j'avais présenté autrefois à Gauguin, n'en dit pas un mot dans le *Mercure*, agrippé qu'il fut par le gnôme de Haan. Julien Leclercq tint le même silence. J'avais écrit à Octave Mirbeau qui m'avait répondu : « Je m'associe de tout cœur à cette exposition. Quand faudra-t-il envoyer le tableau ?

« Comptez que je ferai tout ce que je pourrai dans la presse. Je vais aujourd'hui même écrire à Magnard. Mais il y a une telle résistance dans ces milieux là.

« Acceptez, Monsieur, l'assurance de mes sentiments les plus distingués.

« Octave Mirbeau ».

Octave Mirbeau observa-t-il ses promesses ? Je n'en ai jamais rien su. Je retirai les toiles, le mois expiré, sans autre satisfaction que d'avoir accompli un devoir d'ami.

Quelque temps après cette première exposition, il fut envoyé des toiles de Vincent aux Indépendants, c'étaient : les *Livres Jaunes*, les *Jardins de la butte Montmartre*, et quelques

(*) *Mercure,* Janvier 1894.

petites études. On commença d'en parler. Albert Aurier qui
avait dans le premier numéro de *Mercure* écrit sur mes notes
un article très remarqué, ne cessait de harceler ses amis et ses
confrères, afin de les engager à une campagne. Il rédigeait des
articles verveux, colorés, lyriques, où son âme de poète lui
tenait lieu d'esthétique. Au *Mercure*, il commençait à prendre
une autorité que, par malheur, la mort lui enleva. C'était
assurément un critique d'avenir, malgré un certain pédantisme ;
son ignorance de la peinture en général ne l'y autorisait pourtant point. Je l'avais conquis à Vincent dès ma première rencontre avec lui, à Saint-Briac, alors qu'il avait été attiré dans
mon auberge par les décorations que j'avais peintes aux vitres
d'une porte. Je lui avais montré les fresques dont je couvrais
ma chambre, puis les lettres de Van Gogh que je venais de
recevoir, dont les dessins le séduisirent et dont le texte le
captiva.

Romantique jusqu'au macabre, Aurier avait été pris de
suite par l'exaltation de Vincent, il en aimait surtout « *le mé-
tallique, le gemmique* ». Aussi parle-t-il avec enthousiasme,
dans l'article qu'il lui consacra, « *de ciels taillés dans l'éblouissement des saphirs ou des turquoises, pétris de soufres in-
fernaux, chauds, délétères et aveuglants ; des ciels pareils à
des coulées de métaux en fusion, où parfois s'étalent, irra-
diés, de torrides disques solaires* ». Enfin il délire de ce
« *ruissellement de toutes les lumières possibles, de ces at-
mosphères lourdes, flambantes, cuisantes, qui semblent
s'exhaler de fantastiques fourneaux* ». Et ainsi de suite,
sans oublier « *les cauchemardantes silhouettes de flamme
des cyprès, les maisons accroupis se contorsionnant pas-
sionnément, ainsi que des êtres qui jouissent, les rubis, les
agates, les onyx, les émeraudes, les corindons, les chryso-
berils, les améthystes, les calcédoines, les coruscations*, etc.
Bref, tout le tape à l'œil du romantisme, du symbolisme, tout

le crève rétine d'un impressionnisme alcoolique, bien digne d'un noctambule halluciné par le point miroitant des gaz, les soirs de pluie, alors que le trottoir est un lac plein de merveilleuses féeries aux attirances perverses d'ondines.

Ce style, qui date de 1890, pour avoir voulu être trop moderne est déjà terriblement vieux. Cette exaspération verbale n'est malheureusement pas le fait d'un homme de goût; un tableau ne saurait être beau parce qu'il brille de toutes ces verroteries ou pierres précieuses propres à éblouir le vulgaire. Que l'on se ressouvienne la parole d'Apelle à un peintre qui lui montrait une *Hélène* parée de ces artifices, et auquel il dit avec mépris : « Ne pouvant la faire belle vous l'avez faite riche ». Cette *coruscation* qui aveuglait Aurier jusqu'à l'enthousiasme n'est en somme que la mauvaise aventure de la peinture moderne laquelle, incapable de spiritualité, s'adresse aux yeux de préférence. Le moyen est d'ailleurs facile avec la palette que nous ont faite les chimistes depuis cent ans.

Mais Aurier a de meilleures qualités que ces trépignements d'enfant dans le dictionnaire; il sait être psychologue. Je n'aime pas beaucoup l'abus qu'il fait des termes scientifiques non plus que ce besoin constant qu'il éprouve de nous démontrer que Van Gogh est un *idéaliste*. Expressif, oui, Vincent l'était. au delà même des formes, jusqu'à la déformation, jusqu'à la laideur ; mais que cette laideur ait pour but l'idéal, on doit se refuser à le croire. Ce ne fut donc pas là un idéalisme, mais un simple *idéisme ;* or, l'idéisme est anti-traditionnel et déformateur à l'extrême, il est peut-être avant tout naturaliste et scientifique.

Exagérer les tares, c'est en effet ouvrir le champ à la curiosité, c'est faire des constatations à haute voix, souvent même par dessus les toits, c'est vouloir briller par une perspicacité toute neuve et c'est aussi donner à l'art, qui a pour but la beauté, un brutal coup de poing. Aussi Vincent, avant tout peintre et

qui ne songe à rien autre que de faire des gammes de couleurs
et des arrangements de lignes, ce dont il faut le féliciter, car
c'est là une beauté, mande-t-il une lettre à Albert Aurier où
il dit : « Voyez-vous, il me semble si difficile de faire la
séparation entre impressionnisme et autre chose : Je ne vois
pas l'utilité d'autant d'esprit sectaire que nous en avons vu
ces dernières années ; mais j'en redoute le ridicule... Et, en
terminant, je déclare ne pas comprendre que vous parliez
d'infamies de Meissonier. C'est peut-être de cet excellent
Mauve que j'ai hérité pour Messonier d'une admiration sans
bornes aucunes ; Mauve était intarissable sur l'éloge de
Troyon et de Meissonier — combinaison étrange. Ceci pour
attirer votre attention jusqu'à quel point à l'étranger on admire,
sans faire le moindre cas de ce qui divise si malencontreu-
sement les artistes en France. Ce que Mauve répétait souvent était à peu près ceci : Si l'on veut faire de la couleur, il
faut aussi savoir dessiner un coin de cheminée ou d'intérieur
comme Meissonier ».

Voilà bien une réponse de peintre soucieux de son métier,
désireux du morceau, du rendu, et qui ne comprend pas qu'un
poète demande à un tableau plus que ce que l'adresse du pinceau peut lui donner. C'est que Van Gogh était surtout un
naturaliste, un élève de l'école de Zola. Il aimait le soleil, le
grand air, les cigales et les Paradous. Il n'avait pas tort. Au
lieu de se morfondre dans les abstractions, il plantait son
chevalet où il le pouvait, aux mauvais lieux, dans la rue, dans
les champs et *en plein mistral ;* car pour lui, avide de dérou-
ler ses gammes comme un habile chanteur, il entonnait les
tyroliennes joyeuses du jaune, de l'orangé ou du vert, sans
autre souci que le plaisir que lui inspirait l'instant. Il était
peintre, uniquement, et c'est parmi ceux qui se manifestèrent
vers 1890 celui qui le fut le plus. Avec un amour particulier, il
se vautre dans la matière même de la peinture, dans la pâte ;

2

tripoter cette pâte était pour lui une joie. De même que l'avare aime à tripoter son or, à jouer avec en secret, il s'élançait dans la solitude des campagnes, pour palper librement ses tubes, les presser, les vider avec fureur sur des toiles vierges, vis-à-vis des petites montagnes de Saint-Remy, dans la Crau, sous les ombrages de la maison de santé où son délire plus tard le conduisit. Peintre il est, peintre il reste; soit que, jeune encore, il traduise en brun la Hollande ; d'âge plus avancé, en division-niste, Montmartre et ses jardins, et enfin, par empâtements furieux, le midi ou Auvers-sur-Oise. Qu'il dessine ou ne des-sine pas, se perde dans la tache ou les déformations, peintre il reste à jamais? Et c'est, avec les harmonies rares que parfois il rencontre dans une combinaison nouvelle de quelques tons, ce qui le rend digne de l'attention et le classe dans la très vivante phalange des tempéraments. Ce petit don, il l'a ; il l'exalte peu à peu, peut-être parfois au détriment de tout le reste, jusqu'à dominer les recherches voisines qu'il tente en vain. Il n'est pas toujours styliste, souvent même il s'en faut; dessinateur, il se roidit pour arriver à mettre des doigts à une main, sans pouvoir lui ôter l'allure de pince à laquelle natu-rellement il va ; coloriste, il ne réussit pas également l'équilibre de ses chromatismes, il les fait parfois grincer jusqu'à l'aigre ou les amortit jusqu'au fade : mais toujours et partout la chère matière est là, solide, durable, manipulée avec la frénésie de l'expression et prête aux patines magistrales du futur. Et pourtant, que ne fit pas Vincent pour arriver à dessiner, à dessiner selon sa vision et la réalité des choses!

Je le revois chez Cormon, l'après-midi, alors que l'atelier vide d'élèves lui devenait une sorte de cellule; assis devant une antique en plâtre, il copie les belles formes avec une patience angélique. Il veut s'emparer de ces contours, de ces masses, de ces reliefs. Il se corrige, recommence avec passion, efface, et finalement troue sa feuille de papier à force de la frotter avec une gomme. C'est qu'il ne se doute pas, devant cette merveille latine, que tout s'oppose, dans sa nature de Hollandais, à la conquête qu'il veut faire ; et il trouvera bien mieux et plus tôt sa route dans les impressionnistes à la libre fantaisie, au lyrisme facile, que dans cette calme perfection révélée à des hommes sereins, en des civilisations proches de la nature et de la pensée.

Comme il comprend bien vite cela, Vincent ! Et le voici qui sort de chez Cormon, et qui s'abandonne. Il ne songe pas à dessiner d'après l'antique, pas plus qu'à peindre — comme il le faisait chez le *patron* de passage qu'il s'était choisi — des femmes nues entourées de tapis imaginaires, odalisques d'un sérail rêvé dans les brouillards ; mais s'il ne devient pas *antique,* du moins il croit devenir français.

En suivant les Impressionnistes, en se mettant à leur rutilante école, « nous travaillons à la Renaissance française — écrit-il à son frère qui, sur sa persuasion, expose Monet chez Boussod — et je me sens plus français que jamais à cette tâche ; nous sommes ici dans une patrie » (1). Cela était vrai pourtant, Vincent devenait français : il peignait Montmartre, ses petits jardins rabougris, le Moulin de la Galette, ses guinguettes ; il poussait même jusqu'à Asnières ses excursions. Il devenait un hôte de l'Ile de la Grande-Jatte, que Seurat illustrait déjà de ses recherches schématiques.

Une grande toile installée sur son dos, il se mettait en route, puis il la divisait en autant de cases, au hasard des motifs ; le soir il la rapportait pleine, et c'était comme un petit musée ambulant, où toutes les émotions de sa journée étaient captées. Il y avait des bouts de Seine pleins de bateaux, des îles aux balançoires bleues, des restaurants pimpants aux stores multicolores, aux lauriers roses ; des coins de parc abandonnés ou

(1) Voir au *Mercure de France,* années 1894-95, les *Lettres de Vincent Van Gogh à son frère Théodore.*

des propriétés à vendre. Une poésie printanière émanait de ces morceaux enlevés à bout de brosse et comme dérobés aux heures fugitives. J'en goûtais le charme, d'autant plus que j'habitais alors ces lieux, qu'ils étaient le but de mes promenades solitaires et qu'ils étaient rendus selon l'âme que j'y sentais. Vincent venait souvent me voir à l'atelier de bois construit dans le jardin de mes parents, à Asnières. C'est là, que nous fîmes ensemble le portrait de Tanguy, il commença même le mien ; mais, s'étant pris de querelle avec mon père, qui refusait d'accéder à ses conseils sur mon avenir, il se mit dans une telle colère qu'il abandonna mon portrait et emporta celui de Tanguy, inachevé, après l'avoir jeté tout frais sous son bras. Puis il s'en alla, sans se retourner, et ne remit jamais les pieds chez nous. Je fréquentai donc désormais l'appartement que les deux frères occupaient au 54 rue Lepic.

Un soir, Vincent me dit : " Je pars demain, nous arrangerons l'atelier ensemble, de telle sorte que mon frère me croie encore ici ". Il a cloué des crépons japonais aux murs et il a mis des toiles sur les chevalets, en laissant d'autres en tas. Il a préparé pour moi un rouleau que je défais : ce sont des peintures chinoises, une de ses trouvailles, qu'il a sauvées des mains d'un brocanteur, lequel enveloppait dedans les achats qu'on lui faisait ; après quoi il m'annonce qu'il part dans le Midi, à Arles, et qu'il espère que j'irai le rejoindre ; " car, dit-il, c'est dans le Midi maintenant qu'il faut installer l'atelier de l'avenir ". Je redescends en sa compagnie jusqu'à l'avenue de Clichy — si bien nommée par lui le petit boulevard — je serre ses mains ; et c'est fini pour toujours, je ne le reverrai plus, je ne me retrouverai auprès de lui qu'avec la mort entre nous.

Les lettres que je réimprime aujourd'hui intégralement — car des fragments seuls en ont été donnés au *Mercure de France*, jadis — furent le lien qui nous réunit ; elles nous firent nous aimer, nous connaître, durant cette absence. Il se plaisait

à m'écrire longuement. J'étais, je crois, après Gauguin, son
seul ami ; j'ai vu les lettres qu'il adressait à ce dernier, elles
étaient plus brèves, parce que plus respectueuses. Gauguin
était son aîné et à ses yeux occupait une situation supérieure à
la sienne : il avait connu les impressionnistes et lutté avec eux.
Il ne s'abandonnait donc entièrement qu'à moi ; j'étais plus
jeune de quinze années, et quoiqu'il me parlât des travaux de
mes dix-huit ans avec considération, il pouvait prendre vis-à-
vis de ma jeunesse une parole conseillère et protectrice ; c'est
pourquoi, malgré ma parfaite indépendance de toute influence,
on trouvera dans ces lettres le ton permis à un homme d'âge
mûr vis-à-vis d'un jeune homme.

Van Gogh n'aimait pas à faire la leçon à ceux qui l'entou-
raient, et il se fut mal adressé à l'absolutisme entêté de ma
jeunesse ; car il nous arrive souvent de manquer d'indulgence
dans notre premier élan vers la vie et si quelque chose m'éton-
nait c'était la confusion de ses admirations. On a vu par la
lettre à Aurier qu'il vénérait Meissonier et Mauve ; il faut
ajouter à ces noms Israëls, Ziem, Quost, Jeannin, Fantin-Latour et bien d'autres ; car rien n'était moins semblable à mon
aveugle absolutisme que l'éclectisme de Vincent.

Aujourd'hui je lui donne raison. Plus on avance dans cette
dure carrière de la peinture, plus on fait cas des dons que
l'on rencontre. Ils sont si rares ! Les peintres ont beau se mul-
tiplier, les talents diminuent graduellement, et peut-être en
raison du nombre. Les chemins s'encombrent de tant de gens
vides et de choses nulles que l'on s'incline avec respect devant
une petite qualité sincère, une trouvaille sans fracas, un métier solide ou simple, un bon goût disparu.

Etudier c'est *voir*, et *voir* c'est assister chaque jour à la
restriction du nombre des belles choses, car plus on *voit* plus
ce que l'on admirait naïvement disparaît pour faire place aux
très rares joyaux du génie humain.

Quand on a touché à ce point culminant, centre d'où partent tous rayons, on se réjouit d'un reflet de l'astre suprême, on chante avec enthousiasme la louange du Beau. C'est ainsi qu'en augmentant sa culture on devient indulgent, c'est-à-dire on se déprend de ses partis-pris et l'on rend justice indistinctement à ceux qui vous offrent un plaisir inattendu.

Tandis que je voyageais en Bretagne, les lettres m'arrivaient fidèles et copieuses d'Arles, où Vincent avait trouvé un "*pays aussi beau que le Japon, où les eaux font des taches d'un bel émeraude et d'un bleu riche dans les paysages, ainsi que nous le voyons dans les crépons*". Je lui répondais non moins longuement, remplissant aussi mes lettres des croquis de mes toiles en train. Nous avions formé ce projet de dessiner comme on écrit et avec la même facilité que le feraient un Hokousaï ou un Outamaro.

Nous étions, il faut l'avouer, des fervents des images japonaises. Van Gogh en avait acheté un ballot en souffrance chez un rustre et m'en avait donné en échange de quelques études. Nous persistions à en nourrir nos esprits et nos yeux. Cette influence du Japon sur les artistes modernes ne doit pas être oubliée, elle fut utile, ravivifiante, elle fit reprendre contact avec l'interprétation et le sens décoratif, elle sortit ses admirateurs du banal journalier et de la copie sans style de l'ambiance. Malgré le danger qu'il y avait à vouloir nous infuser une forme hors de toute tradition européenne, nous fûmes-là à bonne école, car la simplicité même de ces images n'est faite que d'art pur, de culture élevée. Le style en est le trait marquant, la couleur y constitue une harmonie et la distinction en est le signe. Le plus grand raffinement s'y allie aux moyens les plus simples, bref l'ensemble en est choisi et jamais la vie n'y fait une intrusion désordonnée.

Le japonais est peut-être le grec de cet Extrême-Orient, où

l'esprit tend naturellement à l'enflure, au grotesque, au monstrueux.

La première période des peintures que Vincent envoya d'Arles, est très étroitement fille de cet art oriental. Il se plaît même à mettre ses motifs dans la toile selon certaines coutumes remarquées dans les crépons. S'il peint les arbres en fleurs c'est en se souvenant que les artistes de Tokio les peignaient aussi ; mais il ajoute à son imitation la qualité particulière à la matière qu'il emploie ; et comme cette fois c'est la couleur à l'huile, procédé tout européen, il fait un japonisme pictural, solidement empâté, réduit à l'instrument sur lequel il le transpose. C'est ce qui va rendre original cet admirateur de Rembrandt, cet élève de la cuisine Hollandaise qui, désormais, applique les procédés de ses maîtres du Nord à une vision venue du Fusi-Yama. On raconte que Claude Monet, voyageant en Hollande, aurait trouvé une image japonaise chez un de ses hôtes, et qu'il aurait pris inspiration d'elle pour ouvrir la série d'œuvres qui fit sa gloire et eut tant d'influence sur les peintres modernes.

Je ne sais jusqu'à point on peut ajouter foi à ce cancan. Quoi qu'il en soit, on ne saurait qu'admirer la sagesse de Van Gogh qui, après avoir été conquis par les impressionnistes, remonte droit à la source d'où ils sont sortis et y puise la leçon nécessaire. Un vrai Hollandais ne pouvait se faire scrupule de s'unir en esprit avec l'Orient. Je fus assez frappé, lorsque je voyageai plus tard en ce pays, d'y trouver les intérieurs illuminés par de radieux rideaux jaunes, à grands ramages, de Java, des pots bleus rivalisant avec ceux de la Chine, et un luxe de fenêtres joyeuses buvant la lumière. Je dois l'avouer, la Hollande m'apparut de suite plus près que nous des contrées féeriques de la couleur et de la clarté. Nous sommes actuellement une race rabougrie, bourgeoise, peu soucieuse de l'ordre et de l'élégance somptuaire. Nos plus importants personnages font décorer leurs manoirs par les tapissiers ; nos richards sont stupides. Nous ne concevons pas l'Utile sans le séparer du Beau. Nous sommes les fanatiques de nos dernières modes, lesquelles ne résultent souvent que de l'avortement misérable d'un commerçant avide. Nous prenons le luxe pour l'art, la lourdeur pour la force. Nos villes se comblent de moellons, nos jardins s'en vont, nos intérieurs deviennent des alvéoles. Ah ! comme nous sommes loin de la philosophie orientale et du bon sens hollandais ! Nous ne savons pas renoncer à tout et nous ne savons pas non plus vivre harmonieusement, dans la simplicité des choses radieuses et naturelles.

Je pense aux avenues de la Haye bordées d'arbres séculaires, de maisons patriciennes, qui semblent des nefs de haut bord échouées là, depuis des siècles. Je pense aux canaux touffus de Delft, aux pittoresques entassements de maisonnettes de Dordrecht, se mirant dans l'eau dormante. Quel repos, quelle image de l'existence heureusement accomplie, acceptée sans vain tumulte, dans la gravité d'un rêve intérieur, qui ne méconnaît rien du charme de la réalité !

Vincent était de cette nation sage, c'est pourquoi il raisonnait juste et voyait profondément.

Cependant, la solitude qu'il rencontra à Arles lui pesa aussitôt que vint l'automne, la population se montrait un peu hostile, à cause sans doute de l'originalité de ses manières. Il se plaint de ne pas trouver de modèles locaux, quoique le type arlésien lui plaise beaucoup. C'est qu'il manque aussi d'argent. Déjà il travaille tant que les subsides que lui envoie son frère sont absorbés. Une gêne lui naît : celle d'exercer sur ce frère une tyrannie pécuniaire. Malgré sa résolution de se taire, souvent il lui trahit sa détresse, et il ajoute : « Je rendrai l'argent ou je rendrai l'âme ». Je ne sais rien de plus touchant, de plus noble, de plus héroïque que ce cri. Peut-être contient-il la vérité du suicide qui consterna plus tard la petite ville d'Auvers.

Cependant, Gauguin retiré à Pont-Aven et n'en pouvant
sortir par suite d'une dette qui s'accumulait journellement,
reçut une lettre de Van Gogh le priant de venir auprès de lui.
De mon côté il faisait de pressantes sollicitations. A mon
grand regret, je ne pus trouver le moyen d'accomplir ce projet
caressé, Gauguin partit seul. Les lettres qu'il m'écrivait d'Arles
ne témoignent pas qu'il comprenait beaucoup Vincent. Il
constata même que ce dernier aimait tout ce qu'il ne pouvait
souffrir et donnait attention à ce qui lui déplaisait : « *Vincent
et moi nous sommes bien peu d'accord en général, surtout
en peinture* — me mandait-il à peine arrivé. — *Il admire
Daudet, Daubigny, Ziem et le grand Rousseau, tous gens
que je ne peux pas sentir. Et par contre il déteste Ingres,
Raphaël, Degas, tous gens que j'admire ; moi, je réponds :
" Brigadier, vous avez raison " pour avoir la tranquillité.
Il aime beaucoup mes tableaux, mais quand je les fais il
trouve toujours que j'ai tort de ceci, de cela. Il est romantique et moi je suis plutôt porté à un état primitif. Au point de
vue de la couleur il voit les hasards de la pâte comme chez
Monticelli, et moi je déteste le tripotage de la facture, etc.* ».
Il était à peine là-bas de quelques mois que subitement il
revint à Paris. Je le retrouvai très calme chez Emile Schuffenecker, vers la fin de quatre-vingt-neuf. Un drame s'était
déroulé dans la ville d'Arles : Vincent, pris d'un accès incompréhensible, s'était tranché une oreille et l'avait portée à une
amie, dans un lieu de prostitution ; la fille qui croyait à un
plus galant cadeau avait ouvert le paquet ; à la vue du sang,
elle s'était évanouie. Cependant, Van Gogh avait pris la fuite et
était venu se coucher chez lui, à la petite maison jaune de la
place Lamartine. La gendarmerie, prévenue, ouvrit une
enquête. Gauguin, qui cette nuit-là était absent, ignorait tout.
Vers le matin, comme il se rendait à la petite maison, il fut
appréhendé par le commissaire de police qui l'accusa d'avoir

— 17 —

3

tué Vincent. Heureusement Gauguin était un homme de
sang-froid, il persuada au commissaire de poursuivre ses per-
quisitions et d'ouvrir la porte du logis. On dùt la forcer,
Van Gogh s'étant verrouillé en rentrant. On la visita, le sang
était partout. Enfin on arriva à sa chambre, et on le trouva dans
son lit. Sa blessure avait tellement saigné qu'il avait perdu le
sens. « Vous voyez bien qu'il est mort », exclama le commissaire. — Secouez-le donc, dit Gauguin. A force de le secouer,
Vincent revint à lui et tout s'expliqua. On le banda et on écri-
vit à Théodore, tandis que Gauguin revenait immédiatement à
Paris.

Que s'était-il passé dans le cerveau de Van Gogh?

La solitude en laquelle il avait vécu l'avait habitué à une
absolue contention. Son esprit s'était enfoncé dans des problè-
mes sociaux, religieux, mystiques. En même temps qu'il poursuivait les harmonies de sa palette, il s'inquiétait des choses
de la vie et d'autant plus qu'il en était lui-même retranché. Le
pasteur naissant qui avait voulu convertir au protestantisme
les mineurs catholiques de la Belgique, reprenait ses rêveries
dans l'artiste solitaire, mais sous une forme plus libre sans
doute que celle qu'on lui avait enseignée dans les cours théologiques de la Hollande.

Les lettres qu'il m'adressait d'Arles sont souvent des sortes
de discours chrétiens où le naturalisme pictural apparaît comme
un complément positiviste de l'idée religieuse. *Le Christ
travaillait en chair vivante* m'écrivait-il ; et cela ressemblait
un peu pour lui à la peinture en pleine pâte, dont il parle dans
la même lettre à propos de Rembrandt et de Franz Hals. Il
avait repris la Bible et y puisait des symboles. Parmi ceux-
ci, tous ceux qui ont rapport à l'esprit le frappaient. Le poisson entre autres ; il allait le dessinant sur les murs de sa
maison ; le jaune, couleur significative de la clarté divine, le
passionnait aussi : « *J'ai fait peindre en jaune la petite mai-*

son que j'habite, écrivait-il, *parce que je veux que ce soit pour chacun la maison de la lumière* ». Vincent avait été amené à ces *illuminations* par le silence où il se renfermait, un peu par force ; car nul doute que parmi les populations du Midi, qu'il visitait entre Arles et Tarascon, il ne rencontrât des caractères très peu faits pour le sien, tout à l'opposé de sa nature spiritualiste d'homme du Nord qui veut ramener toute forme à l'idée et toute idée à son centre : la raison.

Dévoyé à Paris dans le naturalisme de l'école de Zola et dans le sensualisme impressionniste, il reprenait peu à peu, par l'isolement, contact avec ses antécédants fantômes et redevenait Hollandais dans l'atmosphère latine. L'opposition crée souvent de ces contrastes inattendus et les résoud dans une tragédie intime, dérobée aux yeux de tous.

Tel était l'état de Van Gogh lorsque Gauguin le rejoignit à Arles. Les longues conversations, les chocs contradictoires, ne tardèrent pas à faire éclater l'exaltation définitive d'où devait éclore, en une crise passagère, la folie. Elle se traduisit par cet acte incompréhensible, bizarre, déroutant, qui lui fit porter son oreille coupée à une fille, dans un bouge. Il en parla lui-même, plus tard, avec une sorte d'étonnement et en toute logique, lorsque la lucidité lui revint et qu'il demanda à son frère quelle serait, selon lui, la meilleure manière de se soigner pour que de semblables crises ne le surprissent plus. Car désormais, il va se débattre dans cet infernal lacet qui lui fait appréhender, même au fort de sa possession, de sombrer en des ténèbres d'inconscience et de stupidité. C'est là la plus douloureuse épreuve de cette vie tant tourmentée, et je ne la décrit point sans compatir à son horreur et comprendre combien l'incomplet de son art, marqué d'un incontestable génie, demande d'indulgences et de pardons. Il faut y discerner l'impatience d'un être qui voit le paradis de l'équilibre devant lui et qui craint de n'y pouvoir entrer, car les portes ne lui en sont qu'entr'ouvertes et un ange qui tient un glaive semble toujours menacer de les refermer impitoyablement à ses regards et à ses pas.

Désespérance alternative que ceux qui ont connu le cauchemar et la maladie embrasseront seuls dans son effroi !

Les états lucides ne tardèrent cependant pas à revenir, et les lettres à Théodore le démontreront bientôt, lors de leur publication. Il est surprenant de voir combien il peut se complaire à se tâter le pouls et juger de lui-même avec froideur. Il déplore ce qui s'est passé comme s'il n'en avait pas été l'auteur, il se lamente sur le départ si brusque de son compagnon Gauguin, qu'il recommande chaudement à son frère ; et c'est le rêve de cet atelier du midi, qu'il voulait ouvrir aux peintres, qu'il voit s'effacer à jamais avec douleur. Quand il retourne à la maison jaune, moisie d'abandon, où la pluie a pénétré, gâtant une décoration objet de tous ses soins et de son labeur, il pleure de chagrin, il sent que c'en est fait, que son avenir est brisé, que désormais, livré à l'incertain de son état, il n'est plus qu'un maudit. C'est alors qu'il s'écrie, dans un désespoir navrant : « Moi, je ne ferai jamais rien de grand ».

La fatalité s'empare en cet instant de sa victime et la broie. Ah ! si sa foi avait pu rallumer le flambeau de l'Espérance ! Sans but, il se résigne à entrer dans une maison de santé, près d'Arles, à Saint-Remy.

Le médecin, jeune, s'intéresse à lui et lui facilite le travail ; il peint dans le parc, dans la salle des malades, dans la campagne environnante ; il fait de grands et beaux dessins au roseau, des allées et des vasques pleines de feuilles mortes. La mélancolie prend la place de l'exaltation solaire qui lui dictait dès le début, alors que son art était encore tout impressionniste, « le pays est aussi beau que le Japon ». Avec Paris qui cesse de bruire à son oreille, s'éteint la préoccupation des clartés inutiles ; il descend peu à peu dans son âme, se

sépare du naturalisme, atteint à une prenante affection pour
les choses et les êtres. Un facteur, un zouave, un malade, le
portier ou l'interne de l'hôpital, lui font tracer des réflexions
et des peintures. La technique le préoccupe moins, il peint
mieux parce qu'il ne fait plus de gammes, mais suit le déve-
loppement de ses intimes visions. Son mysticisme va vers une
pitié qui lui fait aimer ses frères douloureux, les inférieurs et
les pauvres, les derniers de l'humanité, les malades, les per-
dus ; dans la nature même, il s'attendrit sur le vieil arbre
entouré de lierre, sur la vasque du parc, d'où l'eau est absente
et que les feuilles emplissent de leur manteau fané.

La nuit semble aussi l'intéresser davantage que le jour, et
il ébauche des bords du Rhône où clignotent des lumières et
palpitent des étoiles ; il fait tourbillonner des astres dans
l'outremer obscur, il trace la serpe du croissant sur des silhouettes découpées par l'ombre. Les crépuscules saignants, la
douleur des collines et des roches infernales, tout ce qui semble pris de spasme et d'inquiétude l'attire invinciblement et
vient s'agiter sur ses toiles. A ces œuvres s'ajoute le souci de
la précision, du dessin ferme et cerné, de l'harmonie puis-
sante, de la matière solide. Jamais peut-être il n'a si bien peint
et avec tant de hardiesse.

Des copies de Delacroix, de Millet, de Daumier le distraient
et accusent son souci constant d'étude. Il les traite librement,
dans une technique personnelle, mais qui n'est pas oublieuse
des préoccupations que ces maîtres eurent eux-mêmes. A
Delacroix il semble emprunter la fondation de ses harmonies,
à Millet, son amour biblique de la terre et de ses ouvriers, à
Daumier, le dessin fort, le contour bien assis. Enfin, Gustave
Doré le captive par son imagination exaltée, si propre à traduire
tout ce qui échappe à l'œil vulgaire : la grande poésie des spectacles dramatiques de l'humanité. O combien l'on fut injuste
pour ce peintre fougueux, cet illustrateur sublime, qui apporta

à la France le crayon de la Légende et qui fixa à jamais les figures sans aspect sensible des poèmes et des satires épiques ! Vincent trouva aux pages de son œuvre cette *Ronde des Prisonniers*, qui nous semble être la sienne propre dans son abîme d'angoisse et de détresse.

*
* *

La technique picturale — par les temps de recherches que nous traversons — époques fécondes en innovations — est une si passionnante question que, nécessairement, elle préoccupa Van Gogh, comme chacun de nous. Il s'éprit de la palette impressionniste, purgée des noirs et des terres dont il avait apporté l'habitude de Hollande. On le vit consulter les ouvrages des physiciens, s'inquiéter auprès de Pissarro et de Signac, de la théorie des complémentaires et de la division du ton. A peine sorti de chez Cormon, où il s'efforça en vain à la correction du dessin, il travailla en larges barres de couleurs pures, qui bientôt grêlèrent sur la toile, selon la méthode qu'innovait alors Seurat. Quand je fis la connaissance de Vincent, chez Tanguy, il me conduisit à son appartement de la rue Lepic. Il y avait là toutes les tentatives : toiles de Hollande à la manière de Rembrandt, crânement peintes et d'un effet puissant, portraits de lui à zébrures, comme celui en chapeau de paille qui est en tête de ce livre, et qui date de cette époque ; bords de la Seine, sous-bois, pointillés ; moulins de la Galette, bruns ou noirs. Mais bientôt, lorsqu'il est à Arles, il m'écrit : *Je ne suis aucun système de touche, je tape sur la toile à coups irréguliers que je laisse tels quels, des empâtements, des endroits de toile pas couverts, par ci par là des coins laissés totalement inachevés, des reprises, des brutalités, enfin, le résultat est, — je suis porté à le croire, — assez inquiétant et agaçant pour que ça ne fasse pas le bonheur des gens à idées arrêtées à l'avance sur la technique.*

Plus tard, sentant l'impuissance d'une palette vouée à six ou sept couleurs, il est repris d'un scrupule, il songe au noir, cette couleur détestée des Impressionnistes, au blanc : « *Le noir et le blanc, tels que le marchand nous les vend, tout simplement, je vais les mettre sur ma palette hardiment et les employer tels quels* ». Pourquoi, en effet, les bannir, ces deux complémentaires que les Japonais ont prises pour bases de leurs harmonies ? Et Vincent qui d'un œil attentif suit la nature et de l'autre ses maîtres orientaux, ajoute : « *Lorsque je vois dans un parc vert aux sentiers roses, un monsieur qui est habillé de noir — et juge de paix de son métier, lequel lit l'*Intransigeant *— et, au dessus de lui, un ciel d'un simple cobalt, pourquoi ne peindrais-je pas le dit juge de paix avec du* simple noir d'os *et l'*Intransigeant *avec du simple blanc.* tout cru ? ». Mais, pour obtenir de cette technique un bon effet, il faut en revenir aux crépons, user des teintes plates, qui, par leur étendue, agissent sur l'œil et, comme dans la nature, confèrent à ce noir cru et à ce blanc pur des qualités colorées que leur intensité et leur surface déterminent ; alors, ce noir cru, tout en étant posé sans nul mélange, et ce blanc, tout en restant vierge d'union avec une tonalité quelconque, ne semblent plus l'être l'un et l'autre. Ils s'harmonisent avec leur entourage par la justesse même des couleurs appliquées autour d'eux. Ce raisonnement de Van Gogh le ramène peu à peu de l'impressionnisme, théorie étroite où nul vrai tempérament ne se peut emprisonner sous peine de routine, à la belle indépendance qui déterminait son admiration pour Fantin-Latour : « *un des caractères les plus indépendants existants, quoiqu'il ne soit pas* « un insurgé ».

C'est qu'il y a une grande différence entre l'insurgé systématique et l'indépendant ; il y a entre eux cette distance que

l'on trouve du tempérament tourmenté et avide de se créer
une personnalité artificielle avec les théories qui flottent
dans l'air du temps à l'originalité foncière, toujours rebelle
aux emprisonnements d'idées et prête au vol chantant et
vif de l'alouette saluant l'aurore. S'il est une chose à louer
dans la nature de Vincent, c'est la sagesse de ce discernement, et quoiqu'il fut un instant le volontaire captif des
normes impressionnistes et scientifiques, on ne peut l'incri-
miner d'avoir eu le désir d'*être de son temps*. Il ne se soucia
pas de cette bassesse propre aux suiveurs qui, incapables de
faire surgir de leur sein l'idéal vainqueur, vont quémander à
leur entourage le programme de leurs travaux et de la stérile
poursuite du succès. Il pouvait y avoir en 1885-1888, un certain héroïsme à se déclarer partisan des *théories nouvelles*, il
y avait une sagesse à les vouloir connaître, expérimenter et
réaliser ; mais il y en eût une plus grande, et c'est celle qui
fait à nos yeux toute la valeur d'un Van Gogh : il fallait s'en
libérer pour aller au delà, dans la peinture, dans l'expression,
hors des limites scientifiques. Vincent dépensa pour les fran-
chir l'exaltation de dix existences. Il se surexcita de toutes
les façons pour y parvenir. Sans doute ce besoin venait
d'une abondance de raisonnement qu'il fallait maintenant
anéantir dans une sorte d'extase lyrique. A force de doser les
rouges et les verts, les bleus et les orangés, les violets et les
jaunes, la froideur aurait pu réduire la tâche de l'artiste au
devoir de l'écolier. Van Gogh réagit contre ces principes, bons
en eux, mais réfrigérants, en surchauffant ses sensations et sa
pensée au soleil méridional, à la contemplation des Japonais,
à la solitude, bonne conseillère des tempéraments. Aussi, de
1887 à 1890, quels progrès il accuse ! De la complication des
barres colorées, dont il striait ses études de Montmartre, il
parvient à la synthèse des teintes presque plates, qu'il module
de quelques gris, qu'il incurve de traits violents pareils à des

plombs de vitraux et dont ses dessins, faits au roseau, sont comme le prélude.

« *Mes dessins sont faits avec un roseau, taillé comme serait une plume d'oie* — écrivait-il à son frère Théodore. *Je compte en faire une série comme cela... C'est un procédé que j'ai déjà cherché en Hollande dans le temps, mais là je n'avais pas d'aussi bons roseaux qu'ici* ».

Ses dessins ! il en faut bien parler ; car, eux aussi, ils sortent absolument de la manière accoutumée de reproduire les objets que nous voyons. Ils sont une tentative hardie de la traduction de la couleur. Par des barres, des points, des lignes, dirigés dans le sens le plus expressif de la forme, ils rendent avec une singulière vigueur, l'ardente vision que son imagination dégageait des spectacles. Son grand désir était d'arriver à dessiner avec la même facilité que l'on écrit ; car il avait gardé cette idée, ancienne et très vraie, que le dessin est la base de l'art et que ce n'est que par lui qu'existe le tableau. Son premier soin était donc de bâtir par de grandes lignes, de trouver l'équilibre primitif des harmonies que la nature présente ; ensuite, il brodait l'arabesque de ses vibrations, bâtons, points ou zébrures, destinés à donner une sorte de mouvement à l'ensemble. Tout cela était fait de tempérament, sans froid calcul, avec l'intuition certaine d'une âme émue, d'un cœur ardent.

*
* *

Et puis, que lui importent les classifications. Il croit bien qu'il se fait un changement dans l'art, d'où vient-il ? Où va-t-il ? Il n'en sait rien, car il ne saurait limiter son admiration : « *Nous gardons toujours une certaine passion pour l'impressionnisme* — mande-t-il à son frère, — *mais, je sens que moi, je reviens de plus en plus dans les idées que j'avais déjà avant de venir à Paris** ». Et il ajoute ces justes paroles : « *Il*

(*) *Mercure de France.* Lettres de Vincent Van Gogh à son frère Théodore.

— 25 —

4

*ne faut pas oublier d'apprécier ce qui est bon dans ceux qui
ne sont pas impressionnistes, et je t'engagerais à admirer
outre mesure le Salon. Je te disais qu'il y a un tas de gens,
tels que Jourdan, qui vient de mourir à Avignon. Antigna,
Feyen-Perrin, tous ceux qu'autrefois nous avons connus
étant plus jeunes. Pourquoi les oublier et pourquoi n'attacher
aucune importance à leurs équivalents d'à-présent. Pourquoi
Daubigny, Quost, Jeannin, ne seraient-ils pas des coloris-
tes? Tant de distinction dans l'Impressionnisme n'a pas
l'importance que l'on a voulu y voir. Les crinolines aussi
avaient du joli et conséquemment du bon, mais la mode en a
été heureusement passagère, non pas pour quelques-uns *) ».*
La comparaison finale un peu obscure, n'affaiblit pas pourtant
cette idée juste que Van Gogh avait du talent. Il se plaisait
à croire que là où il se trouve l'art est présent. Et c'est l'opinion
d'un artiste au propre du terme. L'impressionnisme n'est-il pas
une mode, comme la crinoline en fut une? Serait-il exclusivement réservé à l'avenir de peindre clair ou en plein air? Soute-
nir de pareilles idées est le comble de l'obstruction. Vincent
se garda bien d'y tomber; il faut toutes les cordes à la Lyre du
Poète, et celui-là prouve sa borne qui ne s'arrête qu'à de stériles procédés. Il me plait de relever une seconde fois ces paroles justicières de Vincent, que nous avons entendues déjà dans
une lettre à Albert Aurier, dont j'ai cité des morceaux.

Avoir blâmé les routines de l'Ecole des Beaux-Arts, pour se
cloîtrer en d'autres plus étroites, quel triste bénéfice ! J'y
découvre la cause de nos cataclysmes actuels! Me voilà
heureux, néanmoins, d'avoir souvent soutenu cette thèse, qu'ici
même, en sa correspondance, mon ami confirme.

Il n'y a nulle norme qui établisse absolument que telle technique soit la vérité même de l'art. Nous avons vu toutes les

(*) *Mercure de France.* Lettres de Vincent Van Gogh à son frère Théodore.

tentatives fructueuses, à travers les siècles, dégénérer en systèmes plus ou moins meurtriers. Le style du Tintoret se mue
en les larves du Greco, celui du Michel Ange en la pléthore
des Carraches. Le clair obscur de Ribera devient la nuit du
Valentin, et la clarté de Rubens le plâtre de Boucher. Le
Primatice expire aux membres roides de David, et le coloris
de Véronèse se change en portants de théâtre aux fresques du
Tiépolo. De même que la vérité divine s'altère sur lèvres
humaines, de même les révélations du génie transmuent insen-
siblement, par une manipulation hérétique, leur or en plomb.
C'est que les contrefacteurs, avides de produire l'illusion des
talents qu'ils imitent, ne savent donner que leurs défauts,
outrer leurs caractéristiques. Peu à peu, ils dépouillent la
vertu des chefs-d'œuvre, pour ne nous présenter plus que
leurs vices. C'est ainsi que, par besoin du succès ou par un
insatiable appétit de gain, nous sont arrivées, faussées, les plus
séduisantes harmonies. Par un tel chemin, et passant par
Ingres, la « *Madone* » de Raphaël échoue dans les officines
pieuses de la rue Saint-Sulpice.

Il est donc vain de s'attacher à la forme accidentelle de la
technique picturale. Peindre clair ou peindre noir, à teintes
plates ou par division, ne sont point des garanties du génie de
l'artiste. Le génie sait toucher toutes les cordes de la Lyre et
poser ses doigts sur tous les tons de la nature, *cet immense
clavier*.

*
* *

Il ne sera pas oiseux que je traite ici une question relative
à la peinture, laquelle a beaucoup divisé les artistes, et a
causé parmi eux des dissensions et des erreurs déplorables.

On trouvera souvent dans les lettres de Vincent des phrases
en ce genre : *eux* — Rembrandt et les anciens en général, —
travaillaient PAR LES VALEURS, *mais nous, nous travaillons*
PAR LES COULEURS.

Ayant moi-même travaillé longtemps par les couleurs, je voudrais dire tout ce que je pense de ce *parti-pris*.

L'art, quelle que soit son unité, se divise toujours en branches que l'artiste apprend, étudie, développe. Dans son histoire, nous voyons successivement certaines écoles appuyer plus particulièrement sur l'une ou l'autre de ses parties ; et c'est ce qui les caractérisent.

Abandonnant la simplicité, désireux de se faire remarquer par une originalité artificielle, les peintres de tous les temps corrompent les œuvres et les lois spirituelles par des fantaisies extravagantes, soit qu'ils déforment le dessin en vue d'un style, soit qu'ils glorifient le coloris au détriment des valeurs ou les valeurs au détriment du coloris. Au contraire, chez les grands maîtres, chez les artistes de premier rang, c'est par une étroite union de toutes les parties de l'art, si bien équilibrées qu'elles se perdent dans l'expression supérieure jusqu'à nous faire oublier le métier — que nous sommes élevés au sentiment de l'harmonie et de la perfection. Ni Vinci, ni Raphaël, ni Titien, quoique l'on puisse admirer chez chacun d'eux une qualité plus qu'une autre, n'ont dissocié les branches de l'art. Ils nous ont, — au rebours des peintres plus haut cités — initiés au mystère du Beau par la compréhension de l'unité et du parfait équilibre.

Contemplant ces nobles exemples chez lesquels l'art semble, comme la nature, un charme d'essence divine d'où toute tare humaine s'exclut, nous nous élevons à la divination suprême et condamnons du même coup — par cette preuve évidente — les paradoxes qui tendent à remplacer une de ses parties par une autre, c'est-à-dire à introduire, sous prétexte de nouveauté, une rupture de son unité.

Il n'y a pas de plus néfaste tendance pour l'artiste que celle qui s'énerve à réaliser la destruction des inéluctables lois de l'art auquel il s'applique. En ce qui nous occupe, *les valeurs*, qui ne voit que la couleur, ne saurait en rien les remplacer ? Les valeurs sont les degrés de l'ombre, déterminés par un certain éclairage, dans un tableau ; elles doivent donner en même temps que le relief des objets, la perspective, les fonds, la qualité des étoffes, de l'air, de la lumière.

La photographie s'obtient par les valeurs, et elle nous donne parfaitement la sensation de la vérité. En somme, les valeurs pourraient être définies le plus ou moins de force de l'ombre. En effet, le blanc peut se trouver à n'importe quel plan dans un dessin, et un dessin fait au trait, dont les contours ne contiennent aucun degré de noir, est toujours plat : l'ombre, au contraire, en ajoutant la magie de l'effet, en déterminant l'importance spirituelle des objets, place chaque chose à son plan par son plus ou moins d'accent. Et ceci est tellement conforme à notre sensation, que nous sommes toujours bien plus frappés par les *effets* de la nature que par ses couleurs. Nous voyons surtout les objets par des contrastes, c'est là le jeu de lumière même ; les objets nous apparaissent ou en silhouettes plus ou moins sombres sur des fonds clairs ou en silhouettes plus ou moins claires sur des fonds gris ou sombres. Cet effet de contraste — développé par l'art — rend le tableau frappant.

Vouloir faire jouer à la couleur — à la couleur réduite aux tons les plus clairs de la palette — ce rôle des valeurs, c'est en quelque sorte vouloir faire la nuit avec le jour et déplacer les vertus et les propriétés. La couleur, pour mieux dire, le coloris, ou, pour être encore plus clair, les vives couleurs, celles du prisme, celles dont se réclament les partisans de la couleur contre les valeurs, ne sont qu'un vêtement de la forme, laquelle se modifie par la position de la lumière, selon sa nature : cylindrique, cubique, sinueuse, plate, saillante, etc. L'on s'aperçoit de suite — cette considération faite — que l'erreur qui nous occupe ici peut porter ses conséquences fort loin ;

car, en effet, celui qui tend à détruire les valeurs dans un tableau aboutit fatalement à attaquer la forme, les valeurs n'étant que les jeux de la lumière et de l'ombre sur la forme même. Je ne dis pas que dans la couleur il ne se trouve point de degrés. Les valeurs colorées résultent du plus ou moins d'addition de blanc que le peintre fait aux teintes qu'il distribue ; mais ces valeurs de la couleur ne sont qu'une seconde addition faite aux premières, celles de l'effet et du relief.

Ce problème, auquel se sont heurtés les impressionnistes, et auquel ils ne s'attendaient pas, puisqu'ils avaient aveuglément adopté la palette du prisme — jaune, orangé, rouge, carmin, violet, bleu, vert, — sans penser à autre chose qu'à son éblouissement et sur la recommandation des laboratoires, surgit tout à coup, lors de leurs premiers ouvrages, et s'affirme à mesure que l'entêtement de leurs élèves s'enfonce dans les tentatives les plus folles et les plus dévergondées. Aujourd'hui c'est une *vérité* sans conteste, proclamée par la jeune école de l'inexpérience que les valeurs résident toutes dans le coloris, et moi-même qui écris ces lignes je fus un des premiers à répandre cette erreur.

Il n'y a, en vérité, que les abstractions qui puissent produire de l'art. La ligne est la première de ces abstractions, car elle n'existe pas dans la nature.

L'architecture — base des arts — n'a que la ligne pour s'exprimer, et c'est peut-être en elle que dort la plus grande beauté. Regardez les temples de l'Egypte, le Parthénon, ce sont des accords très simples de lignes droites. Plus tard viendra la courbe, qui jettera le désordre dans l'architecture et que seuls, avec leur riche fantaisie, sauront bien utiliser les orientaux. La ligne est donc à la racine de l'art, et nous la voyons passer — sinueuse comme la vie — dans la sculpture. Elle y triomphe chez les grecs. La peinture à son tour n'est harmonieuse que, lorsque considérant le tableau

comme une surface d'architecture, elle y inscrit les grandes
correspondances idéales de la ligne. Raphaël est le génie de
cette splendeur. Puisque la ligne n'existe pas dans la nature,
qu'il n'y a en vérité que des contrastes. Nous sommes bien
forcés d'avouer que l'abstraction se trouvant à la base de l'art,
l'art tout entier est une abstraction. Il en va donc des valeurs
comme de la ligne, elles ne sont que notre moyen *convention-
nel* de rendre l'ombre et, par cette ombre, la lumière qu'en-
serrent les contours de la ligne. Mais comme l'ombre et la
lumière sont ce qui nous frappe le plus dans les spectacles,
c'est par elles d'abord que, en dessinant, nous représentons
le relief et le plan des objets.

L'ombre ne saurait s'obtenir autrement que par la diminution de la lumière, car elle est bien effectivement cela. Or,
l'absence de lumière c'est l'absence de couleur, il en résulte
donc que l'ombre est une diminution de la couleur.

On m'objectera que l'ombre peut être un composé de toutes
les couleurs, car les parties ombreuses d'un objet sont sujettes,
par absence de lumière directe, à recevoir des couleurs envi-
ronnantes un nombre assez considérable de reflets, et que ces
reflets colorent l'ombre. Je le reconnais, ayant moi-même écrit
que le passage d'un ton à un autre est donné par le reflet
dans l'ombre ; mais je maintiens néanmoins que plus il y a de
reflets de diverses couleurs dans cette ombre, plus elle est obscure. On s'en persuadera facilement en faisant sur sa palette
l'expérience des mélanges. Plus on mélange les couleurs sur
sa palette, plus elles s'obscurcissent ; il résulte donc la même
chose dans cette ombre pleine de reflets ; plus elle en reçoit,
plus elle devient elle-même obscure (quand je parle du reflet
des couleurs, je ne parle pas du reflet des lumières). Il s'ensuit
donc que l'ombre — qui est le contraire de la lumière et aussi
de la couleur (puisque plus on mélange les couleurs pures entre elles, plus on fait de l'ombre) — est une nécessité inéluc-

table de la forme, parce qu'elle en exprime les parties saillan-
tes et contribue ainsi à en donner le tournant, la vie, le caractère. Il n'en va pas de même de la couleur, qui ne saurait, par
l'emploi de ses tons purs, produire ni un plan, ni une forme ;
elle ne permettra qu'une silhouette, et à condition d'un violent contraste ; de telle sorte qu'une teinte claire, le jaune, par
exemple, se découpera sur une teinte plus foncée, le bleu,
le carmin. On remarquera que ces couleurs par leur nature
plus saturée, donneront ici comme une *illusion* des valeurs ;
mais cette illusion des valeurs, facile dans une toile simpliste,
ne saurait apporter dans un tableau toute la perfection désirable ; elle y serait au contraire un obstacle constant

Il faut donc que l'artiste *mélange* ses couleurs pures
jusqu'à les descendre vers les obscurs ou qu'il peigne des crépons japonais, c'est-à-dire qu'il n'imite plus que le procédé des
estampes avec la couleur à l'huile. Dès lors, pourquoi ne
s'adresse-t-il pas de suite à l'aquarelle ?

Vincent lui-même, quand il était dans cette erreur, m'écrivait qu'il lui paraissait que les japonais n'avaient fait que des
tableaux à la plume ; il est vrai qu'il disait cela en repensant
aux magnificences et aux perfections de la peinture Hollandaise
aux salles des musées. Et qui donc ne dirait de même ? Car on
peut bien croire à certaines chimères loin de tout point de
comparaison ; mais s'il vient subitement à vous tomber sous
les yeux ou dans la mémoire une de ces splendeurs du génie,
on sent subitement l'erreur où l'on s'enfonce et la mouvance
du terrain bourbeux où l'on s'aventure. Malheureusement ce
n est pas toujours une leçon dont on profite, car l'esprit s'attache à ses illusions.

Donc les valeurs, cette force qui assied solidement le tableau, ont été niées ; on a cru que de leur ruine résulterait le
coloris. Obtint-on ce desideratum ? Il faut consulter les chefs-
d'œuvre pour le savoir, et, après consultation, on peut répon-

dre : non. Bien plus, on peut affirmer que cette tentative est la cause même de l'incomplet qui distingue nos artistes les plus prometteurs, Manet, Cézanne, Renoir, Monet, Sisley, et en général tous ceux qui ont de parti pris méprisé l'unité du tableau, résultante de l'éclairage général, de l'ensemble par l'effet.

Van Gogh fut dupe de cette rêverie, qu'il attribuait à tort à Delacroix, car personne plus que Delacroix ne se soucia d'établir des ombres — avec des terres, des ocres, des noirs, — dans ses ouvrages, afin d'en bien souder toutes les parties. Je dirai même qu'il poussa si loin le souci de donner le relief qu'il en contracta un défaut de déformation souvent typique.

En vérité, il n'y a que les jeunes gens qui commencent à peindre et veulent apporter des nouveautés, qui se puissent laisser influencer par ces opinions chimériques ; aussitôt qu'ils sentent le besoin de descendre dans l'art plutôt que de jouer à sa surface, ils laissent de côté ces discussions, aliment de la parole des paresseux.

L'art repose sur des abstractions inéluctables qui sont les conditions de sa vie et de sa santé. La ligne, le contour, les valeurs, la couleur, autant de personnes de sa divinité que l'on ne peut nier sans engendrer des hérésies mortelles pour lui et leurs sectateurs.

*
* *

Ceux qui ne professent que l'idée de la personnalité, se tromperaient grossièrement à l'égard de Vincent s'ils croyaient qu'ils doivent le juger sur cet étalon vulgaire. Certes, l'originalité de Van Gogh est criante, elle ne souffre pas qu'on la méconnaisse ou la diminue, elle puise dans l'exaltation de son intelligence et de ses sens une affirmation nette ; c'est là ce qui pourrait faire croire que son idéal fut d'arriver au paroxysme de l'individualisme. Il n'en était rien dans son vouloir

— 33 —

5

cependant. Vincent Van Gogh, persuadé non pas qu'un art différent de celui des anciens était créé, mais qu'une découverte importante était faite, celle de la théorie des couleurs, voulait travailler « à la renaissance française », qu'il supposait possible par suite de cette révélation scientifique. Certaines bases de la technique lui semblent changées, d'où il résultera une expression jusqu'alors inédite. Prenant pour exemple l'histoire, il songe : « *que les tableaux* NÉCESSAIRES, INDISPENSABLES, *pour que la peinture actuelle soit entièrement elle et monte à une hauteur équivalente aux cimes sereines qu'atteignirent les sculpteurs grecs, les musiciens allemands, les écrivains de romans français,* DÉPASSENT LA PUISSANCE D'UN INDIVIDU, *et qu'ils seront créés probablement par des groupes d'hommes se combinant pour exécuter une idée commune* ». Avide de rassembler les facultés éparses dans un effort unifié, il explique que tel à une magistrale orchestration de la couleur, tel un grand et beau dessin, et tel possède une imagination capable d'établir les plus surprenants ensembles.

Insatiable, il s'approprie les qualités qu'il rencontre chez ses confrères, il n'hésite pas à les étudier pour mieux pénétrer dans le secret de leurs découvertes. Il copie Daumier, Millet, Delacroix, ses amis même, Gauguin et moi. Il faut bien que je me nomme, puisque cela est vrai, et que ses lettres très souvent témoignent du cas qu'il faisait de ma jeune peinture. D'ailleurs ce m'est une joie d'avouer ici son admiration d'alors, laquelle me fut bien réconfortante et me conduisit à la connaissance de mes pouvoirs, car, en ces temps si vite lointains, le sarcasme et l'incompréhension étaient mon seul lot. Que le sachent ceux-là qui, désireux des succès conquis, suivent aujourd'hui une voie que Vincent, Gauguin et moi consacrâmes de nos tristesses et de nos misères.

L'idée d'une association d'artistes capables de réaliser des œuvres en commun ne devait pas réussir, quoique Van Gogh en nourrit l'idée avec une tendresse particulière. Il songeait à ouvrir à Arles, dans son domicile, une sorte de refuge qui en serait le foyer. Ce serait à la fois et la maison de sécurité et l'atelier des nouvelles tendances.

Gauguin, que sa pénurie d'argent forçait à accepter la proposition, fit le premier l'expérience de cette vie associée et de l'œuvre devenue le bien de tous. A Pont-Aven, déjà, par mes soins, l'idée en avait été donnée. Il en résulta pour moi de voir Gauguin accaparer ma technique et partir à Arles avec. Cette question qui a causé de longs débats de la part de gens intéressés a aider l'erreur, il me plaira toujours d'y revenir comme sur un des faits capitaux de ma vie artistique. Je n'invoque ici nul témoignage que celui des dates (*); que l'on regarde les tableaux peints par Gauguin en 1888 (ils sont tous datés), avant mon arrivée; ils diffèrent sensiblement de ceux qui les suivirent en cette même année. Exécutés d'abord dans une méthode patiente de filandres colorées, ils sont laineux, mats, sourds, presque gris; puis tout à coup ils se démentent, pour se simplifier en de grandes teintes plates et vives.

Pouvait-on trouver une preuve plus significative de la vérité que je réclame, et comment ce changement soudain, absolument absent de mes toiles de 1887, a-t-il pu laisser le moindre doute sur cette question? Je l'ai dit déjà et je l'affirme encore, lorsqu'en 1888 je retournai à Pont-Aven, j'y fis la rencontre de Gauguin et, de la part de Van Gogh, je fus lui serrer la main. Je le conduisis alors chez moi et je remarquai que ma peinture lui causa une forte impression. J'arrivais du littoral de la Manche avec des travaux exécutés depuis quatre mois dans la

---

(*) On en trouvera un dans les lettres de Vincent que voici. Consulter la lettre IX, qui parle, *avant même que je ne rejoignisse Gauguin à Pont-Aven*, de mes préoccupations des procédés italiens et allemands primitifs; du sens symbolique de la ligne et de la couleur, qui me préoccupait, et que Van Gogh désapprouvait en m'opposant le naturalisme hollandais.

(Note d'EMILE BERNARD).

plus stricte solitude. A partir de ce jour, pénétré par les idées de Van Gogh, *qu'il fallait tout mettre en commun*, je ne cachai rien de mes recherches à Gauguin et ce fut une toile peinte de souvenir : *Le Pardon de Pont-Aven*, qui détermina son brusque lâchage du divisionnisme et le mit à l'école du synthétisme, c'est-à-dire à celle de la teinte plate. La *Vision du Sermon*, louangée plus tard comme une découverte nouvelle, ne fut qu'une imitation de mon *Pardon*, Gauguin y employa même certaines couleurs qu'il n'avait pas sur sa palette et que je lui donnai (*).

Gauguin s'éprit tellement de cette toile du *Pardon* qu'il la voulut avoir et l'emmena avec lui à Arles. Vincent qui la vit alors m'écrivait : « Je soupirerai de savoir de toi des choses comme le tableau qu'à de toi Gauguin, cette promenade de bretonnes dans une prairie d'une si belle ordonnance, d'une couleur si naïvement distinguée ». En outre, plus tard, lorsque je fus appelé, après la mort de Van Gogh, par son frère Théodore, afin d'accrocher les toiles de l'artiste défunt dans son appartement, ce dernier me fit voir une copie que Vincent avait exécutée à Arles, alors qu'il vit le tableau de ma main que Gauguin possédait. Cela n'a pas empêché dernièrement un commerçant d'exposer cette copie dans sa galerie, sans signaler qu'elle avait été exécutée d'après une de mes œuvres, et de la donner au catalogue comme une création de Van Gogh. Ce procédé déshonnête qui pourrait à la longue faire prendre mon œuvre pour une copie d'après Vincent, m'a vivement révolté. Mais faut-il s'étonner de quoi que ce soit en notre époque de mercantilisme honteux ?

Ainsi l'idée de communauté artistique m'a été néfaste ; si elle n'a rien supprimé de ma personnalité profonde, elle m'a valu bien des contestations et bien des sottises. J'ai vu des

(*) Voir le *Mercure de France*, HISTOIRE DE L'ÉCOLE DITE DE PONT-AVEN, 1903.

gens que je croyais mes amis, et auxquels j'avais généreuse-
ment tendu la main pour se faire une réputation dans la jeune
école, se tourner contre moi avec une mauvaise foi inqualifia-
ble. Hors de la question, puisqu'ils ne pouvaient être des
témoins, étant encore à cette date au biberon à l'Ecole des
Beaux-Arts, ils ont voulu trancher en faveur de Gauguin sur
un point qu'ils ignoraient absolument ; pendant que certains
critiques, que je ne qualifie pas, ont cru arranger les choses
en me déniant toute bonne foi, d'autres acceptaient, il est
vrai, une action conciliatrice de moi sur Gauguin et de Gauguin sur moi. La vérité reste que je n'eus qu'un seul maître
à cette époque : Paul Cézanne, et que c'est par moi que
Gauguin, qui le négligeait, à travers mes propres recherches,
rejoignit sans la comprendre entièrement la méthode de ce
dernier.

Que l'on me pardonne cette digression, elle arrive à sa place
ici. Vincent qui avait plus d'âge que moi et que j'aimais d'une
vraie affection à cause de son cœur, m'avait entraîné dans une
sorte de communisme auquel je répugnais naturellement (mon
goût de la solitude le prouvait), mais je cédai à ses instances,
à ses conseils, parce que l'art m'a toujours semblé une sorte
de religion d'où doit s'exclure l'égoïsme, et que, pour sa gloire,
il n'était rien que je ne fisse. J'étais prêt à tout, même au
renoncement de ma vie. Et ce fut bien un peu ce renoncement
de moi-même qui me conduisit à la piperie à laquelle je m'ex-
posai naïvement et dont je reste la dupe.

La vie en commun de Gauguin et de Vincent ne fut guère
heureuse. J'ai accusé dans la première partie de cette préface
que ce rapprochement amena, au contraire d'un accord, un choc
violent. Gauguin dans une lettre qu'il m'adressait, reconnaît
ses différences avec Van Gogh, il aime tout ce que ce dernier
déteste, il déteste tout ce qu'il aime. Bien plus, lorsqu'ils
peignaient l'un près de l'autre, c'étaient de véritables disputes

et ils se heurtaient sans cesse. Néanmoins Van Gogh cédait avec respect, mais il souffrait au dedans, car il sentait que jamais ils ne travailleraient d'un commun esprit. C'est de ce choc constant de deux tempéraments opposés, l'un le hollandais, violent et enthousiaste comme un homme du midi, l'autre le français, froid, compassé, volontaire comme un homme du nord, que résulta sans doute la folie de Vincent. Un seul point les rapprochait : la réprobation générale en laquelle on tenait leurs deux arts, et leur pauvreté.

Van Gogh était bon, il avait, c'est certain, de violents mouvements de colère ; mais il en revenait presque aussitôt, et c'étaient ou des lettres d'excuses ou des protestations d'amitié découvrant toute la noblesse de son cœur. Sa religiosité native lui conférait une sorte de supériorité humaine, tant il est vrai que la religion élève l'individu. Gauguin était autre. Fils d'un journaliste républicain attaché au *National*, il avait gardé de son atavisme civique une sorte de fierté étroite. Nulle teinte de spiritualité n'altérait ses vouloirs ; il était un amateur éclairé en même temps qu'un artiste conscient. Il prenait son bien où il le trouvait sans se soucier de rien d'autre que de lui-même. Entré tard dans la peinture, il voulait s'y frayer une voie, recherchant de préférence à tout le « *coup de poing* » ; ce mot qu'il employait souvent : « *il faut le coup de poing* », expliquera son art et accusera à lui seul ce qu'il y avait d'arbitraire dans son caractère et dans son talent. Le fond de son être était donc un foncier égoïsme. Plus tard, au contact de Vincent, j'ai vu un Gauguin humanitaire, évangélique, symboliste ; mais ces avatars n'ont jamais effacé de mon esprit l'homme rencontré à Pont-Aven en 1886, en un premier voyage, et qui était bien réellement l'authentique Paul Gauguin.

Ainsi la tentative la plus désintéressée d'art en commun ne fut pas possible en notre temps. Les caractères, travaillés par les

innombrables idées qui remplissent l'air du siècle de leurs
morbides atomes, sont rebelles à l'unité. Tous les liens ont été
rompus, l'homme est libre et doit périr seul dans son ennui. Plus rien de grand ne se fera, parce que l'individualité
a tué l'union. Et si l'union fait vraiment la force, il faut attri-
buer à cette rupture des liens spirituels dont nous sommes les
débris épars, la pauvreté artistique de notre instant. Malgré
l'amitié, malgré l'art, malgré le besoin, l'intérêt même, les
esprits se séparent de plus en plus. Nous vivons *isolés* dans
la société la plus populaire et la plus indépendante qui ait jamais été, notre génie est devenu une chose inutile. Triste
résultat de nos conquêtes !

Il sentit terriblement cela Vincent, lorsque, sortant du
songe atroce d'une passagère folie, il écrivait à Théodore, son
frère :

*« Cela me faisait de l'effet, non seulement l'atelier som-
bré, mais même les études, qui en auraient été le souvenir ».*

Puis il revient sur le départ de Gauguin, le plan de la vie
en bonne union, et il dit que c'était lutter en vain contre la
force des choses. Il se sent un remords, car il accuse comme
une faiblesse de son caractère d'avoir voulu contrevenir à l'ordre établi ; et dans sa folie il continuait le combat, en voulant
se défendre encore, sans y pouvoir rien. Pourtant, tout cela
était accompli sans ambïtion pour les artistes qu'il aimait.

Telle fut la fin misérable, grâce à l'orgueil dont nous a
nourri notre époque, du beau projet de Vincent Van Gogh.

Dévoué à l'art et à ses amis, il voulait fonder *l'abri* où le
découragement n'entre pas, où, dans l'émulation, la force
s'éveille et sur lequel plane la gloire propre aux entreprises
hardies et profondes. Ce fut lui qui sombra. Sous ses mains
inexorables la Folie étreignait son crâne, il se débattait encore,
luttait pour les *peintres malheureux* et maudits.

« Si j'étais sans ton amitié, — écrivait-il à son frère, après

tout ce drame, — *on m'enverrait sans remords au suicide
et quelque lâche que je sois*, JE FINIRAIS PAR Y ALLER ».

Hélas ! il ne fut que trop fidèle au rendez-vous.

.˙.

Et maintenant, un mot sur la publication que voici.

En 1892, quelques années après la mort de Van Gogh, mon
amitié me faisant un impérieux devoir de faire connaître l'esprit de celui qui avait été mon plus cher compagnon de lutte et
dont l'affection délicate et dévouée m'avait si souvent touché,
je parlai à Paul Fort des lettres que je possédais de Vincent
et je les lui fis voir. Il y fut d'abord attiré par les dessins pittoresques qui en semaient l'écriture, puis par les passages que
je lui en lus, si bien qu'il communiqua à M. Alfred Vallette,
directeur du *Mercure de France*, l'enthousiasme qu'il en ressen-
tait. M. Alfred Vallette avec l'intelligente initiative qui le distingue, forma de suite le projet de me demander ces lettres
afin de les publier. « On m'a dit que vous possédez des lettres
de Van Gogh, illustrées de dessins et de croquis — me mandait-il — et que vous les publieriez volontiers. Or, *Mercure*
ayant été un des premiers à rendre justice à Van Gogh, et,
d'autre part, étant, je crois, celle des publications d'avant-
garde qu'on lit le plus en France et à l'étranger, ne pensez-
vous point que c'est chez nous que ces lettres seraient le mieux
placées ? ». Je ne me fis nullement prier, on le pense bien,
pour livrer à la publication les épistoles de mon ami mort
inconnu, j'espérais réparer l'injuste découragement que le
monde lui avait infligé. Après une Exposition que je fus seul
à organiser, après le silence des camarades et de la presse, il
ne me restait plus qu'à tenter de faire apprécier Vincent en
révélant son esprit, sa lutte, sa vie.

Ses lettres étaient ce qu'il y avait de plus puissant. Après les avoir lues, on ne douterait ni de sa sincérité, ni de son caractère, ni de son originalité ; là on le trouverait tout, palpitant.

Mais ces lettres, confidences d'un ami à un autre, mêlant souvent les choses de la vie privée aux choses de l'art, mettant sur un plan trop visible celui auquel elles étaient adressées ainsi que son entourage de confrères, il fallait y apporter un choix, y puiser, pour les mieux mettre en relief, les passages propres à éveiller l'attention. Plutôt que d'en publier d'abord la totalité, il fallait, pour ainsi dire, n'en tirer que l'essence, afin que par un contact prudent de l'esprit public avec l'esprit de Van Gogh le but désiré soit atteint. Je pris donc, dans la publication des fragments faits au *Mercure de France*, le parti de ne rien reproduire qui put blesser par la brutalité du langage, la crudité de l'expression, de ne rien publier de relatif à moi-même, de ne donner que les initiales des amis mêlés à nos existences d'alors.

Cette prudence n'a plus aujourd'hui de raison d'être. Le succès (ce mot stupide a cependant son autorité ici) a consacré les « *Lettres de Vincent Van Gogh à Emile Bernard et à son frère Théodore* », et, en même temps que la correspondance du peintre, il a porté ses tableaux jusque dans les musées d'Allemagne et de Hollande. Une édition de ces lettres, historiques désormais dans l'art de notre temps, a parue à Berlin ; et peut-être d'autres — faites comme celle-là à mon insu — ont-elles répandu le nom de Vincent en Europe. Il ne me restait donc, devant le désir de plus en plus grand des artistes, qu'à tout faire connaître de la vie de Van Gogh, qu'à publier in extenso sa correspondance avec moi.

La voici. Je n'en ai rien omis cette fois.

Ses fautes de français, ses continuels : *ici, mais, cela, en tant que quant à, maintenant*, etc. Cette tournure de phrase lourde, enfantine, étrangère, où la pensée se fait quand même jour, ce langage plein d'éclairs de tendresse, de grâce, de bonté, qui parfois semble prendre des ailes et parfois se vautre dans la vulgarité des ateliers de Paris où dans l'argot des bouges, ce langage, dis-je, aura toutes les excuses et toutes les sympathies, parce que, malgré les ornières où il choit, les flots d'alcool auxquels il se mélange, la prose réaliste qui le pollue, il débouche tout à coup dans une prairie pleine de soleil et de fleurs, dans une ville silencieuse où se mire un ciel d'étoiles, dans un monde inconnu où retentit la parole du Christ, où résonnent les symphonies de l'art. A la fois humain et religieux, il mêle les laideurs de notre enfer aux grâces spirituelles de la Rédemption et de la Splendeur. Les couleurs qu'il nomme si souvent et dont il récite le prisme comme une litanie, comme un mystique chapelet, le parent de leurs joyaux ainsi que les gouttes d'eau, après l'orage, étoilent la fange du sol défoncé. Hollandais de naissance, Vincent était devenu français par amour de notre pays, il en appréciait peut-être plus le climat que les souvenirs. Il ne parle jamais de nos cathédrales, de notre art gothique, du grand siècle ; il déteste même, il l'avoue « *Le Roi-Soleil* ». Mais ce qu'il aime c'est notre réel soleil, c'est notre vie sage. Il s'intéresse tellement à nous qu'il nous peint et nous décrit sans cesse sous notre aspect le plus populaire ou sous nos paysages les plus ardents. Qu'importe donc si son style n'est pas correct, il est vivant, et notre indulgence y saura mettre sa délicate attention, comme lorsqu'il nous arrive de sentir des êtres supérieurs qui ne peuvent point parler notre langue.

« N'est-ce pas plutôt l'intensité de la pensée que le calme de la touche que nous recherchons, m'écrivait-il ».

Ce qu'il a dit à propos de sa peinture, semblant en excuser à l'avance le débraillé et la fougue un peu folle, je l'applique à ses lettres. C'est la pensée qu'il y faut sentir, c'est la vraie vie qu'il y faut trouver. Le calme de la touche n'y est certes pas.;

mais quelle intensité ! Et quelle joie elles nous donneront après tant de devoirs de style écrits par des gens qui n'ont rien à dire.

L'ardeur n'a pas besoin de syntaxe ni de phrases quand elle atteint à l'ivresse morale de méditer et de créer.

PRÉFACE DE 1893 [*]

VINCENT VAN GOGH

I

Cet artiste étrange s'est tué à Auvers-sur-Oise, le vingt-neuf juillet dix-huit-cent quatre-vingt-dix. Il avait pour frère Théodore Van Gogh, expert à la maison Boussod et Valadon, boulevard Montmartre. On verra, par ce frère, la part qu'eut Vincent sur l'opinion publique, en introduisant l'impressionnisme dans la galerie d'une maison des plus connues et des plus influentes. Mais ce que je veux dire avant tout, c'est que ces deux frères ne faisaient pour ainsi dire qu'une idée, que l'un s'alimentait et vivait de la vie et de la pensée de l'autre, et que lorsque ce dernier, le peintre, mourut, l'autre le suivit dans la tombe seulement de quelques mois, sous l'effet d'un chagrin rare et édifiant.

II

Pour comprendre Van Gogh et la voie en laquelle beaucoup d'artistes marchent, il faut se pénétrer de ces choses :

1° Qu'il n'est pas nécessaire d'apprendre les Beaux-Arts

(*) Parue dans le *Mercure de France*, n° d'Avril 1893.

dans une école ; 2° que le Beau n'est pas l'imitation d'un type préétabli, mais l'émanation de tout le sublime contenu dans chaque vérité nouvelle entrevue par un tempérament.

Van Gogh n'imita ni les Grecs, ni les Romains ; il savait les aimer — ces perfections calmes, en dit-il — mais il jugea inutile de plier son tempérament à des formes de beauté qui n'émanaient pas de son sein et qui ont cessé d'être belles le jour où elles n'ont plus été que des singeries ; car le caractère essentiel du Beau c'est la sincérité pénétrante qu'il revêt, c'est la profonde vérité nouvelle qu'il contient. Cette question, soulevée trop souvent, a été la cause de bien des erreurs et des plus graves discussions. Eugène Delacroix disait (agendas), « Y a-t-il une manière spéciale, une recette quelconque pour atteindre à ce que l'on appelle le Beau idéal ? Le sentiment du Beau est-il cette impression produite en nous par un tableau de Vélasquez, une estampe de Rembrandt, une scène de Shakespeare ? ou bien le Beau nous est-il révélé par la vue des nez droits, des draperies correctes de Girodet, Gérard et autres élèves de David ? Le Silène est beau, le Faune est beau. La tête de Socrate dans l'antique est pleine de caractère, avec un nez épaté, une bouche lippue et de petits yeux... ». Et le maître conclut : « Là, où un peintre cherchera une expression, un style de convention, il sera tendu, il perdra son cachet ; là où il s'abandonnera franchement à son originalité, qu'il s'appelle Raphaël, Michel Ange, Rubens ou Rembrandt, il sera toujours sûr de sa grandeur et de sa puissance ».

Vincent a pensé la même chose, comme tout vrai artiste le pense d'instinct ; d'ailleurs, il n'y a de Beau absolu que là où la Forme cesse d'exister, et ce Beau étant incompatible avec la plastique des beaux arts, il est oiseux d'en discuter. L'art étant la vision du sublime, que lui demanderons-nous, sinon l'accomplissement de cette mission ; là où le sublime n'est pas, l'art cesse.

Or, Vincent a vu le sublime.

Etablissons ce qu'est le sublime en art.

Dans la vie réelle, c'est la mère qui meurt pour sauver son enfant, c'est l'amour rongeant d'Eugénie Grandet, c'est l'amitié des Pons et des Smucke, c'est la passion de Balthazar Claes pour l'absolu ; en un mot, c'est l'héroïsme de la vie. En art, c'est tout cela, et c'est plus que cela encore. Le sublime en art commence au delà de l'objet réel, dans la révélation que nous fait cet objet ; ainsi la représentation picturale des scènes plus haut citées, ne saurait, matériellement parlant, donner dans son objectivité la moindre idée de ce qu'est le sublime dont nous parlons. Prenons un temple égyptien, une cathédrale gothique ; là tout est sublime, nous ne le discutons pas, nous le sentons ; là tout nous entraîne, tout nous prend, tout se fait piédestal pour nous hisser au dessus du monde, des ennuis, des soucis, des affaires, des affections tyranniques et étroites. Un souffle immense nous envahit, ces colonnes ont la majesté des grandes forêts disparues, mais que le Rêve nous a montrées, ces ogives, ces voûtes énormes, ces cryptes profondes ont la grâce des branches en avril et le mystère des grottes de la mer. La nature dans son essence est ici, et ce n'est pas la matière, c'est son sublime, c'est son divin, son immense, c'est Dieu, c'est la toute puissance et ses vérités gigantesques. Voilà le sublime en art : montrer une des vérités cachées dans le mystère, le colossal ou la grâce. Le sublime, c'est allier le son, la couleur, le parfum, pour former cet unisson l'Harmonie. C'est le don d'analogie, d'affinité, de pénétration ; c'est — en un mot — le don de vision.

Vincent Van Gogh eut ce don.

Je ne parlerai pas des toiles qui pourraient le certifier de suite. Puisque nous en sommes à la publication de ses lettres, c'est d'elles que je veux parler exclusivement, considérez simplement dans son ensemble le paquet que nous publions

aujourd'hui, et voyez quelle préoccupation de tout ; autant de
théologie que de sociabilité, autant de critique que de peinture. Enfin, comparez ces lettres les unes aux autres, et voyez
comme elles forment bien les analogues anneaux d'une même
chaîne et cette harmonie qui naît de l'analogie. Les plus grands
génies y sont sans cesse cités. Noms de saints, d'apôtres,
de savants, de peintres, et jusqu'à Dieu lui-même : Jésus,
Rembrandt, Giotto, Delacroix, etc. Chacun de ces noms évoque un monde d'idées qui se répondent, se complètent et,
formant unisson, nous conduisent vers le sublime. C'est le
fait même de ce culte pour les génies qui prouve que Van
Gogh avait cette vision suprême dont nous parlons.

Sans la vision du sublime — disais-je — il n'y a pas d'artiste.
Et cela est évident : car si l'art ne contient aucune de ces grandes qualités qui font l'homme digne de Dieu et de lui-même,
s'il n'est qu'un langage trivial et plat, d'où vient que ce que
l'intelligence humaine a de plus noble est venu sans cesse lui
demander appui pour démontrer clairement à l'enfantin cerveau des peuples les vérités que les plus solides raisons ne
pouvaient lui imprimer ni faire comprendre ? Ah ! c'est que
l'art fait sentir, et sentir c'est plus que comprendre, peut-être.

En effet, faire comprendre, c'est établir par une suite logique de raisonnements qu'un fait est devenu possible, s'est
passé ; mais dans la grande question de la divinité, par exemple, il est aussi impossible de prouver Dieu que de le nier.
Voilà où l'art fait partie du domaine sublime, car lui seul peut
faire sentir ce Dieu que nulles paroles ni raisons ne peuvent
faire comprendre. Pour éprouver l'effet de ceci, regardez les
œuvres des Primitifs. Nul mieux qu'eux n'a exprimé ce qu'est
le Dieu qu'ils aimaient, et nulle démonstration ne le prouvera
plus que les élans d'amour d'Augustin, que les transports de
Sainte Catherine de Gênes et de Sainte Thérèse écrivant sa
vie dans des prières. Enfin, remontez encore plus loin, regar-

dez les images des dieux grecs, les stèles égyptiennes, les idoles des sauvages. Ne passez-vous pas par ces sensations successives : sympathie, frayeur, horreur, admiration, déterminant les sentiments amour, crainte, attachement ? L'art a donc exprimé la divinité, et lui seul ayant pu le faire, il est devenu le langage divin ; ce qui explique le peu de valeur de ses autres tentatives. L'art n'est donc pas la représentation de ce qui est, mais de l'éternelle vérité cachée sous la forme changeante des objets et des êtres, des mondes et des dieux.

III

Voici maintenant les notes que je reçois de M. Bonger, un très sincère admirateur et ancien ami de Vincent, qui fut peut-être un des premiers à deviner, au milieu de la méconnaissance générale, le génie du peintre.

« Vincent Van Gogh est né le trente mars dix-huit-cent cinquante-trois, à Groot Zundert (Hollande) ; il est mort à Auvers-sur-Oise, le vingt-neuf juillet mil huit cent quatre-vingt-dix. Elevé à la campagne, aimant les plantes, les bêtes ; profondément religieux, d'une foi simple, voyant Dieu partout. Commence la vie pratique chez Goupil, à la Haye ; après, dans la même maison à Londres et, en dix-huit-cent soixante-douze, à Paris. Quitte au bout d'une année, ne pouvant se faire aux exigences du commerce. Retourne en Hollande pour très peu de temps. S'en va à Londres où il gagne sa vie comme maître d'école — temps très difficile. Les questions théologiques le préoccupent. Souffre de la discorde née des préceptes de l'Evangile et du Christianisme tel qu'il est pratiqué généralement. Se résoud à faire des études théologiques et à se faire pasteur à *sa manière* (*). Se sent apôtre. En mil-huit-cent

(') Vincent ne fit pas, malgré son désir, les études qu'il avait voulu entreprendre. Comme il n'avait pas accompli d'humanités, cela eut été trop long ; il se fit donc pasteur à sa manière, selon son sentiment.   (Note d'Emile BERNARD).

7

soixante-dix-sept est à Amsterdam où il suit les cours de théologie, ne les achève pas. S'en va dans le Borinage (Belgique), prêcher chez les mineurs.

Quoiqu'ayant toujours dessiné et modelé, ce n'est qu'après dix-huit-cent quatre-vingt-deux qu'il commence à s'occuper exclusivement de peinture, il va à l'atelier, à la Haye, jusqu'en mil-huit-cent quatre-vingt-quatre.

Fait un court séjour à Drenthe (Nord de la Hollande), puis à Nunen, où habitent ses parents; enfin travaille à Anvers, et vient à Paris au commencement de dix-huit-cent quatre-vingt-six ».

C'est en dix-huit-cent quatre-vingt-sept que je l'ai connu, dans la petite chapelle ardente qu'était la boutique du *papa* Tanguy, neuf, rue Clauzel. J'ai dit ailleurs (*Hommes d'aujourd'hui*), l'étonnante surprise que fut ce front étrange et la visite qu'il me fit faire à son atelier, rue Lepic. C'étaient, au troisième, dans un appartement dominant Paris et habité aussi par Théodore, une collection de tableaux assez bons de l'école Romantique, puis beaucoup de crépons japonais, de dessins chinois, des gravures d'après Millet. Il y avait un gros meuble hollandais dont les tiroirs étaient pleins de boules de laine enchevêtrées, mariées, unies dans les accords les plus inattendus; puis il y avait aussi, dans ce gros meuble, des dessins, des peintures, des croquis, de Vincent cette fois. Des vues de Hollande surtout me frappèrent; cela était net, précis, nerveux et plein de style; et ces étonnants visages de travailleurs aux nez énormes, aux bouches lippues, aux airs niais et féroces dont les « mangeurs de pommes de terre », une effroyable toile, furent le dénouement.

Vincent lisait beaucoup; Huymans et Zola, parmi les contemporains, l'avaient fortement impressionné. Dans l'un, une mâle force l'attirait, et dans l'autre une causticité aigre, un coup de fouet bien cinglé sur des types vrais; car toujours il eut horreur du faux.

Chose étrange, les œuvres les plus spiritualistes le requéraient peu, et des jeunes poètes, de Baudelaire même, il ne disait rien ou n'avait qu'un sourire. J'ai plus tard compris cette attitude quand il m'écrivait qu'il n'y avait d'art que dans ce qui est sain. Je n'ai jamais cru comme lui que Baudelaire fut malsain.

Les contradictions les plus bizarres se rencontraient dans cet esprit travaillé et chercheur. Il aimait les peintures de Ziem, par exemple. Cette Venise à la crème et au bleu de blanchisseuse (*), qui se prélasse depuis quelque vingt ans à la façade des pâtissiers de la rue Laffitte avait des charmes pour lui ; il prétendait que c'était là de la couleur de coloriste. Plus tard il en revint. C'est ainsi que je le trouvai un jour en grande conversation avec Ziem lui-même, devant une maison dont les balcons étaient soutenus par des crocodiles... Très homme du monde, le peintre célèbre parlait de Delacroix, il racontait un toast porté par les partisans du grand romantique en plein dîner officiel. Cela fera un peu comprendre — comme je le compris moi-même alors — pourquoi Vincent aimait Ziem ; il avait connu Eugène Delacroix... et *lutté pour lui.*

C'était le plus noble caractère d'homme qui se puisse rencontrer, franc, ouvert, vif au possible, avec une certaine pointe de malice drôle. Excellent ami, inexorable juge, dépourvu d'égoïsme et d'ambition, comme le prouvent ses lettres si simples, où il est aussi bien lui-même que dans ses innombrables toiles.

Nous avons donc perdu le plus solide des amis en même temps que le plus artiste d'entre nous quand, par un beau soleil de juillet, il alla derrière le château d'Auvers se *déshabiller* de la vie. Quelque déchirante que soit cette vérité, il faut

(*) Je ne veux pas changer cette opinion qui date de 1893 et qui sent son sectarisme. Je respecte trop aujourd'hui le Ziem qui a peint le magnifique tableau des *Barques devant Venise* (Musée du Luxembourg), pour ne pas me reprendre par une note.　　E. B.

bien la dire ; et la lettre où il est question de la vie plate et de la vie ronde ne sera pas sans éclairer un peu sur ce qui a pu décider Vincent à en venir là.

N'a-t-il pas eu la curiosité d'autre chose ?

IV

Il faut finir cette note trop courte et trop longue pourtant. Je crois avoir tout dit pour ce qui est du peintre. Les lettres écrites à son frère Théo prouveront l'influence qu'il eut sur le mouvement impressionniste (*) (en tant qu'organisateur du succès), définitivement vainqueur des hostilités. Que fallait-il, d'ailleurs, pour vaincre ? Une maison en renom, et c'est ce que Van Gogh, le peintre, a su conquérir ; il paya ainsi sa dette aux seuls vrais artistes qu'il eut rencontrés en son temps et qui lui aient définitivement ouvert le chemin où il marcha si remarquablement.

« Votre modestie n'est pas grande — me dira-t-on — d'avoir publié les éloges que Vincent fit de vos essais ». Je réponds à cela : Je n'ai rien de plus cher et je suis heureux qu'on puisse m'en blâmer.

EMILE BERNARD.

Pont-Aven 1893.

(*) Quand je parle d'impressionnistes, je veux dire : Renoir, Cézanne, Degas, Monet, Sisley, Pissarro. Je ne parle pas des imitateurs de ces derniers, déjà trop connus, vu leur médiocrité, auprès des cinq maîtres qui les précèdent et dont la Renaissance artistique est incontestable et grandiose, en ce qu'elle nous a donné, après un long stage d'imitations plus ou moins avortées, la joie de voir un art neuf sortir de cinq tempéraments et exprimant la beauté de certains aspects de la vie et de la nature. (Note de 1893).

PRÉFACE

AUX LETTRES DE VINCENT VAN GOGH

A SON FRÈRE THÉODORE*

Aujourd'hui que grâce à l'intelligence et à l'amabilité de Mme veuve Théodore Van Gogh nous pouvons présenter ces lettres, la preuve de ce que nous avancions, « *que ces deux frères ne faisaient qu'une même idée, que l'un s'alimentait de la pensée de l'autre et que l'on verrait — par ce frère — la part qu'eut Vincent dans l'introduction de l'Impressionnisme en une des maisons les plus connues et les plus influentes* » est claire, et aucun doute ne pourra surgir de la malveillance. Pas à pas, en effet, dans la correspondance présente, nous suivons l'édification de cette éducation artistique, de ces conseils qui vont fleurir en une lutte splendide ; pas à pas nous voyons d'un côté le peintre perfectionner, étendre, agrandir, simplifier son art, acquérir la certitude de ce qu'il pense ; et de l'autre, le frère écouter attentivement ce qui lui arrive de son aîné, soit pour ses projets, soit pour sa santé, soit pour la grande lutte du commerce, auquel il apporte une probité nouvelle et une conviction solide. La vie intense, la palpitation est

*) *Mercure de France,* Août 1893. Il me plaît de réimprimer cette préface donnant des renseignements sur l'existence de Vincent et de son frère et qui complète ainsi la série de mes publications sur lui.

là-bas, au soleil de Provence, couvrant les toiles vastes de vergers fusant en dentelles féeriques, ou le papier dur d'arabesques neuves ; tandis qu'à Paris, dans le bureau sombre d'une commerciale maison peuplée de tout l'ennui de la banalité, un crâne frère vit dans la joie d'une production incessante, de l'édification d'une idée. Ces lettres sont d'une allure de sentiment franc et sans phrase, si vrai qu'il s'étonne de lui-même ; elles nous racontent aussi la vie de l'artiste presque au jour le jour, ses ennuis, ses travaux, ses acharnements. Jamais de découragements stériles, jamais de lassitudes. S'il a peint les quinze petits vergers en fleurs, il en veut trente : « *Les tableaux sont des pierres rares, dit-il, s'ils sont bons. Il faut donc beaucoup en faire et soigner la qualité quand même* », et ce n'est pas là une idée mercantile, oh que non ! c'est tout simplement un tour qu'il a trouvé pour excuser l'embarras où il s'est mis en usant tant de couleurs, tant de toiles et d'avoir toujours besoin de peindre. Et le fait est que c'est une rage coûteuse, qu'il ne peut pourtant arrêter. Aujourd'hui que l'œuvre a trouvé ses admirateurs, il reste loisible de constater que Vincent eut raison, et de voir combien ce frère fut généreux et aimant.

Généralement les artistes sont arrêtés en route par une foule de difficultés, trop souvent matérielles, et qu'il serait long d'énumérer. Combien d'entre-eux souffrent de n'avoir à leur disposition les murailles où leur talent se déploierait, combien sont trop pauvres pour peindre tous les jours, combien éprouvent, pour s'assurer l'existence, le besoin de la gagner dans un autre travail pénible, répugnant, vrai bagne de l'intelligence ! Claude Monet s'arrêta — dit-on — de peindre durant six mois, faute d'argent et de crédit ; aujourd'hui que Monet est un peintre connu, célèbre même, il nous est triste de penser à la perte qu'eût été pour nous son inaction prolongée par le manque de matériaux.

Plusieurs artistes souffrent encore de ces mêmes choses, on le verra dans le récit que Vincent en fait à propos de ses amis.

Il faut donc admirer beaucoup cette générosité du frère Théo qui non seulement consentait à « *gagner moins pour vendre de bonnes pierres* », mais se privait souvent pour voir le génie de son aîné libre de toute préoccupation courante. Ces choses-là sont rares, Edgard Poe et sa mère me reviennent en pensée à ce tableau touchant.

Théodore Van Gogh était marchand chez Boussod et Valadon, boulevard Montmartre. Il avait, en dépit d'une jalouse campagne que firent les Maîtres du Salon officiel contre lui, réussi à faire triompher les Impressionnistes en plusieurs expositions partielles. Ce fut une victoire, non seulement d'affaires, mais d'estime. Les noms s'imposèrent de suite au public. Renoir, Degas, Monet, Pissarro, Seurat, furent vite connus (*) et quoiqu'ils eussent toujours vaincu, étant donnée leur supériorité qu'ils ne doivent qu'à eux-mêmes, Van Gogh en avança pour eux le temps par son initiative intelligente et sa logique admiration. Vincent était à Arles à cette époque et poursuivait l'idée d'ouvrir dans tous les grands centres une exposition permanente qui aurait affirmé l'existence d'une « Renaissance » (**). Il se proposait ainsi de combattre la routinière coutume qui consiste à ne vendre que des œuvres de peintres morts et dont le talent est indiscuté, tandis que d'autres artistes périssent de faim devant leurs chefs-d'œuvre.

Ces expositions, nous voyons par les lettres présentes comment il se disposait à les former. Composées des peintres du « *grand boulevard* », c'est-à-dire des maîtres de l'Impressionnisme, elles seraient complétées de tous les jeunes de quelque

(*) Cézanne restait dans l'ombre, à Aix, et dans l'oubli de ses amis qui songeaient peu à l'exhumer.

(**) Cette idée a été accomplie depuis, mais par le mercantilisme, et d'une façon si inférieure et si nuisible !...

talent nouveau, qu'il nomme le « *petit boulevard* » par anti-
thèse ; elles auraient ainsi donné un ensemble parfait des
efforts de notre temps vers une forme libre de toute acadé-
mique doctrine. Cette grandiose conception appuyée d'une
association devant préserver les artistes de la misère et de
l'improduction (*) a sombré avec le généreux esprit qui l'a
conçue. Les associés auxquelles on avait fait appel, non seulement n'y donnèrent point de suite, mais ne firent aucun effort
vers les idées qu'on leur avait indiquées. Etait ce crainte de
compromission ou incompréhension ?... Eux seuls le savent.

D'Arles, Vincent alla à Saint-Remy, où il retrouva graduellement tout son calme, toute sa lucidité, altérés par deux mois
de vie nerveuse au milieu de contradictions de toutes sortes.
Les toiles qu'il peignit alors furent des meilleures. Ce sont :
l'arlésienne, les petites montagnes, les couchers et levers du
soleil sur les champs de blé vert ou sur les blés murs, le parc
de la maison de santé. Tout à coup nous apprîmes qu'il était
à Auvers-sur-Oise. Puis, subitement, sa mort.

Il était resté plusieurs mois à Auvers et y avait peint d'irré-
prochables fleurs, des étendues de blé, des portraits de petites
filles, le docteur Gachet, dont il fit presque son chef-d'œuvre
et des coins de masures dignes des Hollandais, ses maîtres.
Cette mort fut dure pour tous, par sa rapidité et son côté
tragique. Théodore était frappé, il fut atteint de paralysie et
expira.

A Bussum, chez Mme veuve Théodore Van Gogh, on voit les
toiles de Vincent ; elles décorent les murs et toutes les pièces
d'une vaste maison ; les artistes peuvent les admirer à leur aise
ainsi que les nombreux dessins dont se rebondissent les cartons.

Plusieurs articles ont paru ; ils étaient signés Mirbeau,
Geffroy, Lesault, Leclercq; et un autre mort, Albert Aurier,

(*) Celle-ci n'a pas été fondée par les marchands et encore moins par les amateurs
qui étaient cependant tout désignés pour cela...

lui a consacré une critique enthousiaste dans le premier numéro du *Mercure de France*.

A Amsterdam, à La Haye, les jeunes littérateurs se préoccupent et écrivent sur ces choses. Deux expositions ont eu lieu : une à Paris, chez M. Lebarc de Boutteville, l'autre à La Haye, organisée par les bons soins de Mme Van Gogh. Les Indépendants et les XX de Bruxelles exposèrent des œuvres posthumes.

Voilà ce qu'il me restait à dire à propos des lettres de Vincent et des deux frères Van Gogh.

ÉMILE BERNARD.

Florence 1893.

8

AVANT-PROPOS[*]

POUR LE PREMIER VOLUME DE LA CORRESPONDANCE
DE VINCENT

Voici que nous offrons — par le bon vouloir de Madame Théodore Van Gogh, belle-sœur de l'artiste qui trace ici sa vie par sa correspondance, — le premier tome de fragments de lettres du peintre Vincent.

On y verra des choses singulières et nouvelles que diverses situations, comme l'isolement, la compagnie d'un confrère, la vie dans le monde ordinaire, dans la nature, lui ont fait entrevoir.

On verra surtout dans ces lettres combien triste est devenue la vie des nouveaux artistes, combien, livrée à toutes les nécessités inéluctables, elle se dissout en vains efforts. Combien — pendant que la médiocrité est assise glorieusement dans les trônes de la réputation, — les vraies natures se débattent dans les mille liens que leur mettent les préjugés et la méchanceté, l'envie et la bassesse.

Le livre clos, on s'étonnera que la conclusion d'un effort si loyal, si pur, si désintéressé que le fut celui de Vincent Van Gogh, ne soit qu'une singulière tristesse, une espèce de chute

---

(*) Cette préface, qui date de 1895, est inédite ; je l'avais composée pour l'édition, projetée par le *Mercure*, de la correspondance de Van Gogh ; édition qui n'eut pas lieu.

irréparable... Et plus triste encore paraîtra cette conclusion à chacun de nous s'il songe à la part de responsabilité qu'involontairement il lui en revient, peut-être...

Voici ce que dit ce volume.

*
* *

L'amitié du frère Théodore soutient Van Gogh, l'encourage ; mais lui songe qu'il est l'aîné, et que c'est lui, avec la mère, qui, ayant le plus de souvenirs, a le plus de responsabilités ; mais lui songe qu'il a beau travailler dans le « sale métier de la peinture », qu'il ne parvient pas à payer ce qu'il coûte, ni à rembourser ce que son frère lui envoie chaque mois.

La fougue est là, et le peintre l'emporte toujours sur le frère : la couleur est dévorée, la toile s'épuise, et à chaque instant il faut demander de la couleur, augmenter la dette, trouver des paroles d'espoir et de relèvement.

Cependant la peinture ne se vend pas et les frais s'accumulent ; alors Vincent pousse le grand cri : « Je te rendrai l'argent ou je rendrai l'âme » ; et cette idée fixe qu'il s'est faite (puisque son frère Théo ne lui réclame rien), ne veut plus l'abandonner.

Il peint, il peint jour et nuit ; il dessine au roseau quand la couleur est épuisée, puis il se surmène et sacrifie jusqu'à la nourriture pour donner à sa faim de tableaux l'aliment nécessaire ; enfin la surexcitation arrive à son comble, puis la catastrophe.

Tout à coup la ville d'Arles est troublée par un étrange courant d'idées, Van Gogh se croit persécuté, une crise le prend, durant laquelle il se coupe une oreille d'un coup de rasoir. On le met au cabanon... Cependant il se rétablit et sent la vie d'autrefois lui revenir, mais il a une nouvelle ennemie... la folie... qu'il raisonne, mais dont il a peur, car il a été accablé par elle.

Désormais la lutte s'agrandit : il faut faire face à ce mal

étrange et menaçant, à la dette, aux exigences de l'art, à la vie, et aux idées adverses qui menacent toujours l'édifice de l'idée en construction.

Mais — ceci est beau — Vincent ne veut rien ôter à son frère : il lui commande de se marier, il veut qu'il reporte toute l'affection qu'il lui consacre sur sa femme, il veut que rien ne manque au foyer de son plus jeune ; et c'est alors qu'il cherche à rentrer dans la légion étrangère ou dans une maison de santé afin de le délivrer de l'inquiétude de sa vie isolée, incertaine.

Il choisit la maison de Saint-Remy et quitte Arles, non sans regrets...

Le tome présent se termine par le dernier regard que jette Van Gogh sur le Passé ; il est retourné à la « petite maison jaune », là où devaient venir se loger les peintres, les amis malchanceux et passionnés ; et tout a manqué : pendant la maladie l'eau est entrée dans la maison, la décoration — sa sollicitude — est abîmée, et tout le reste est triste, perdu. Alors Vincent qui voit son rêve détruit, qui sent que tout est fini, irrémédiablement fini, ne pense plus qu'au frère Théo qui comme lui travaillait dans ce beau projet généreux et nouveau, et il se dit que la bonté au moins demeure ; qu'elle demeurera la bonté...

Mais il y a une autre maison dévastée qu'il voit encore en ce moment, et dont celle qu'il a sous les yeux n'est que l'image, et il songe à toute son aventure ; mais il ne peut pas s'exprimer, car il n'a plus la tête à comprendre que tant de fraternité et d'efforts prodigieux n'aient abouti, en somme, qu'à toute cette triste histoire, mystérieuse comme la vie...

Voilà ce que raconte ce premier tome, effectif résultat d'un être ayant senti, vécu, souffert, aimé, plus que cela n'est arrivé aux artistes modernes.

C'est chose admirable et imprévue encore que de voir, de nos jours, un artiste si peu imbu de lui-même, se considérant de peu et disant : « Moi je ne signifierai jamais rien de grand ». Quand tant d'orgueil se lève si impudemment, il est beau de voir cette simple figure de peintre ferme et robuste, si bien douée et si ardente, donner l'exemple du renoncement à toute gloire... C'est la meilleure garantie, je crois, qu'elle en est digne...

Il y aurait certes fort à écrire sur les qualités profondes du cœur qui se révèlent à chaque page de ces lettres, et que la place nous a obligé d'éluder ; ce sont des paroles d'affection soucieuse, d'honneur familial, de fraternité inquiète ; mais l'habitude empêcherait sans doute d'en goûter la force ; et c'est pourquoi nous les avons laissées à l'intimité.

Les présents fragments ne se composent donc que des passages relatifs à trois points principaux : l'œuvre, la vie, la pensée ; encore les avons-nous choisis dans l'abondance de l'expansion de l'artiste. Certaines phrases brèves ont une signification toute tranchante. J'appelle l'attention sur, par exemple :

Que c'est beau le jaune !...

Le laurier rose... c'est l'amour.

Le murmure des oliviers a quelque chose d'immensément vieux.

Les tableaux se fanent comme des fleurs..., etc...

On trouvera dans ces phrases ainsi isolées d'une conversation épistolaire et fatalement mélangée, toute l'intensité et toute l'impression vive qu'elles traduisent en leur cri... Ce sont des intuitions vraiment belles qui ont le charme de la jeunesse à notre époque si vieillie d'ergotage, de sophismes et de doute.

*
* *

Vincent Van Gogh n'a pas douté, mais il a souffert de ne pas croire : il avoue qu'il lui manque « une religion » et que cela lui est amer ; comme tous les égarés il va la chercher dans les étoiles, mais ne revient pas consolé. Il se cramponne, en homme qui sent le vide derrière lui, à tout ce que lui présente la vie il se donne à l'art ; car ces natures là sont faites pour l'amour et l'amour se donne.

Mais avec l'art l'espoir n'est pas certain, et il se peut que l'espoir l'ait quitté... Peut-être que de ce manque de religion dont il se plaint lui vint cette résolution atroce du suicide, car le néant qui n'est pas combattu avale bien vite sa proie. Fut-il touché de désespoir?...

Il y a de grands mystères au-dessus de nos investigations, ils appartiennent au Tout-Puissant, à celui-là seul qui *Est*. Vincent ne devait peut-être jeter qu'un éclair parmi nous ; il l'a fait, et nous n'avons qu'à le constater.

Tout n'a pas disparu avec lui ; nous avions ses toiles, nous aurons ses lettres ; et l'on peut bien dire que si l'homme est dans son œuvre peinte, dans son œuvre écrite il n'est pas moins présent. C'est ici son histoire tracée par lui et plus profondément que nul de nous ne saurait la conter jamais.

Que l'on entre donc dans ce livre qui est le cœur même de l'artiste et où il soulève le voile mystérieux de sa personnalité inconnue.

Emile Bernard.

Le Caire, le 10 de Juin 1895.

VINCENT VAN GOGH [*]

Hollande 1857. — Auvers-sur-Oise 1890.

Il fut mien, j'en veux parler donc, quoique je sois pris d'une appréhension en songeant à ce que les rares curieux qui liront cette notice sur lui penseront, puisque généralement — et pourquoi ? — on se défie des appréciations formulées par les amis, voire par les parents, sur un mort : et pourtant combien celles-là me semblent plus valables que les autres ; car qui connaissons-nous mieux que ceux que nous aimons, en art surtout, où toute amitié se base sur des aspirations semblables, des vues analogues ?

J'ai rencontré Vincent Van Gogh pour la première fois à l'atelier Cormon ; et que de rires alors dans son dos, qui « ne daignait rien voir ». Puis chez Tanguy, cette ardente petite chapelle dont le vieux prêtre a le bon sourire de l'honnêteté incomprise. Quand il émergea de l'arrière-boutique, ce front haut et large, j'eus presque peur tant il flamba ; mais vite nous fûmes amis, et s'ouvrirent les cartons de Hollande et les portefeuilles d'études. Quelles surprenantes esquisses ! Des convois lugubres sous des ciels gris, la fosse commune ; des vues des fortifications aux perspectives rectilignes ; des Moulin-de-la-Galette aux bras sinistres : — sur cela encore un vague brouil-

(*) Cette biographie fut écrite pour les "*Hommes d'aujourd'hui*", publiés par l'éditeur Vanier, en 1891.

lard grave du Nord ; puis des jardins maigres, des routes au
crépuscule et des visages de paysannes aux yeux et aux bouches africains. Sur la table, parmi des crépons japonais, des
boules de laine dont les fils entrelacés jouaient des symphonies
imprévues.

M'interdit, dans ce chaos, un repas de pauvres en une hutte
sinistre, sous une lampe à terne clarté. Il appelait cela « Les
mangeurs de pommes de terre », c'était d'une insigne laideur
et d'une vie inquiétante...

Puis il referma ses tiroirs et nous parlâmes littérature.
Huysmans le captait outre mesure. Ce fut sur « En ménage »
qu'il s'exalta surtout, puis sur « A rebours », plus tard. Zola
aussi lui plaisait fort ; et c'est en le lisant qu'il songea à peindre les piètres cabanes de Montmartre où chaque petit bourgeois vient cultiver un bout de terre sableuse, aux premiers
soleils...

En fait de peinture il aimait surtout Monticelli et Delacroix,
parlait de Millet avec adoration et méprisait profondément les
prétendus classiques modernes. Pourtant, quelqu'absolu qu'il
fût, il avait la bonne foi de ceux qui aiment l'art avant tout, et
il regardait avec un égal intérêt toutes les œuvres.

Plus tard, quand nous fûmes amis, il m'initia à tous ses
projets... et combien il en faisait !... Ce qui le décourageait,
c'était non pas d'être lui-même sans appréciateurs, c'était de
voir Pissarro, Guillaumin et Gauguin dans une gêne qui com-
promet la production et paralyse les efforts. C'est alors qu'il
entreprit près de son frère Théodore (celui-ci étant expert chez
Boussod et Valadon) une campagne, laquelle, consistait en :
faire accepter ces peintres dans les salons où pendaient les
inepties connues. Ce à quoi, aidé par ce fraternel dévouement,
il réussit pleinement.

Mais, après une tentative d'exposition dans un restaurant
populaire de l'avenue de Clichy, il fut tenté par le Midi (où

Monticelli, son maître, vécut le plus) et il prit la route d'Arles.

D'Arles date un fort paquet de lettres desquelles nous espérons pouvoir donner un jour les plus intéressants passages*) ; d'Arles aussi les premières toiles en une manière décisive.

Dans un indécis pointillé il avait peint Asnières, puis, par barres *complémentaires,* des natures mortes, entr'autres les fameux « Livres jaunes » qu'il exposa aux Indépendants en 1888 ; mais seulement à Arles il s'affirma dans une technique personnelle très picturale. Citons : le Rhône, le Semeur, la Berceuse, les Oliviers, les Vignes. Ah ! qu'il les aimait, les oliviers, et comme alors un symbolisme naissant le tourmentait aussi déjà ! « En fait de Christ au Gethsémani, je peins, moi, les oliviers », m'écrit-il. D'ailleurs chacune des œuvres a sa légende, telle celle de la Berceuse : « La nuit, en mer, les pêcheurs voient sur l'avant de leur barque une femme surnaturelle dont l'aspect ne les effraye point, car elle est la berceuse, celle qui tirait les cordes de la corbeille où mômes ils geignaient ; et c'est elle qui revient chanter au roulis du *grand ber de planches* les cantiques de l'enfance, les cantiques qui reposent et qui consolent de la dure vie ».

(Mais que je ne divulgue point ce que la publication de ces lettres aura de neuf et de captivant).

Il peignit donc la Berceuse avec l'intention de l'offrir soit à Marseille, soit à Saintes-Maries, dans une auberge où viennent boire les matelots. Deux grands soleils lui devaient faire pendants, parce qu'il voyait en leur jaune intense la clarté suprême de l'amour.

*
* *

Rembrandt, pourtant, le hante de nouveau : il semble alors songer au pays natal ; de souvenir il peint quelques coins con-

(*) Lorsque cette notice parut, les fragments de lettres de Vincent n'avaient point encore été publiés par le *Mercure de France.*

voités là-bas ; et dans les œuvres que — après l'enterrement —
nous trouvâmes à Auvers, certaines études semblables à de
vieux carreaux de Delft, à d'antiques émaux, certains cahotants
chaumes, certains arbres en marche évoquent le pays des souf-
fles où il balbutia.

Quelqu'incomplète que semble une œuvre prise à part, par
la quantité, Vincent s'affirme très complexe ; son égale turbu-
lence vitale lui crée une unité qui, à la longue, le démontre
très équilibré, très logique, très conscient. En les toiles dernières d'aucuns virent la folie. Mais qu'est-elle lorsqu'elle se
fait deviner sous la forme présente, sinon le génie. Ah ! je sais
qu'on nous fait facilement un crime de nos rêves et de nos abstractions : nous outrepassons le but de l'art, nous devenons
d'affreux égoïstes, nous pensons pour nous-même, nous
oublions le rôle d'histrion et de pître qu'on nous assignait
avec cet écriteau : Artiste. Et voilà qu'on nous lapide de ce
que, dégoûtés des réalités, nous faisons voile pour ailleurs,
nous refusons décidément de distraire les foules ! Néanmoins
Van Gogh fut un réaliste et un subjectif allant des fumiers aux
aurores, amoureux

Des lichens de soleil et des morves d'azur,

et son pinceau les a brossés, et son tube les a crachés avec la
sublime envergure d'un mystique ivre et d'un créateur en rut.

Qu'on s'exalte devant ses bibliques moissons au crépuscule
dont les gerbes, lourdes d'épis, s'étagent en montagnes ; dont
les lames ondoient comme des étendards d'or ; qu'on s'attriste
devant ses cyprès sombres ainsi que des lances aimantées
fixant les astres à leur pointe ; à ses nuits pareilles à des pièces
pyrotechniques éparpillant dans les ténèbres d'outremer lourd
des chevelures ; puis qu'on rêve sous ces bosquets de fleurs
qui, comme des étoiles tombées, scintillent ; sur les bords pai-
sibles de ce fleuve qui coule sans ride au pied des collines en

douleur, baignant des cabanes que les saules envoilent ; et, après ces émotions successives, qu'on lise dans les yeux de ses portraits la confession des existences tristes ou honteuses, bonnes ou sinistres. Alors on sera sur la voie de comprendre Vincent et de l'admirer.

Moi, quand je regarde ce portrait*) que je possède de sa main et dont, pour cette publication, j'ai fait de mon mieux un croquis, et que je songe à tout ce qu'il aurait pu faire encore, je vois l'enterrement qui gravit la côte d'Auvers dans un tropical soleil, parmi la crépitation des blés mûrs et aussi cette tombe ignorée du fond de laquelle il appela son frère qui l'aima tant, qui lui fut tant dévoué et dont le nom restera indissolublement lié au sien...

Vincent Van Gogh est mort à 37 ans.

E. Bernard.

(1891)

(*) C'est celui que nous reproduisons en tête de ce volume et que j'avais dû copier au crayon pour la notice de l'éditeur Vanier.

LETTRES

DE

VINCENT VAN GOGH

1887

LETTRE I

54, Rue Lepic.

Mon cher copain Bernard,

Je sens le besoin de te demander pardon de t'avoir lâché si brusquement l'autre jour. Ce que par la présente je fais donc sans tarder. Je te recommande de lire les *Légendes Russes* de Tolstoï, et je t'aurai aussi l'article sur Eugène Delacroix, dont je t'ai parlé.

Je suis, moi, tout de même allé chez Guillaumin, mais dans la soirée, et j'ai pensé que peut-être toi ne sais pas son adresse, qui est : 13, Quai d'Anjou. Je crois que comme homme Guillaumin a les idées mieux en place que les autres et que si tous étaient comme lui, on produirait davantage de bonnes choses et aurait moins de temps et d'envie de se manger le nez.

Je persiste à croire que, non pas parce que moi je t'ai engueulé, mais parce que cela deviendra ta propre conviction, je persiste à croire que tu t'apercevras que dans les ateliers non seulement on n'apprend pas grand chose quant à la peinture, mais encore pas grand chose de bien en tant que savoir vivre ; et qu'on se trouve obligé d'apprendre à vivre comme à peindre sans avoir recours aux vieux trucs et trompe-l'œil d'intrigants.

— 73 —

Je ne pense pas que ton portrait de toi-même sera ton dernier ni ton meilleur, quoique, en somme, ce soit terriblement toi.

Dites donc, en somme, ce que je cherchais l'autre jour à t'expliquer, revient à ceci. Pour éviter les généralités permets-moi de prendre un exemple sur le vif. Si tu es brouillé avec un peintre et qu'en conséquence de cela tu dis : « Si Signac expose là où j'expose, je retire mes toiles », et si tu le dénigres, alors il me semble que tu agis pas aussi bien que tu pourrais agir. Car il est mieux d'y regarder longtemps avant de juger si catégoriquement et de réfléchir, la réflexion nous faisant apercevoir à nous-mêmes, en cas de brouille, pour notre propre compte autant de torts que notre adversaire — et à celui-ci autant de raisons d'être que nous puissions en désirer pour nous.

Si donc tu as déjà réfléchi que Signac et les autres qui font du pointillé font avec cela assez souvent de très belles choses, au lieu de dénigrer celles-là il faut surtout, en cas de brouille, les estimer et en parler avec sympathie.

Sans cela on devient sectaire, étroit soi-même et l'équivalent de ceux qui n'estiment pour rien les autres et se croient les seuls justes.

Ceci s'étend même aux académiciens ; car prends, par exemple, un tableau de Fantin Latour, surtout l'ensemble de son œuvre. Eh bien, voilà quelqu'un qui ne s'est pas insurgé ; et est-ce que cela l'empêche d'avoir ce je ne sais quoi de calme et de juste qui en fait un des caractères les plus indépendants existants.

Je voulais encore te dire un mot pour ce qui regarde le service militaire que tu seras obligé de faire. Il faut absolument que tu t'occupes dès à présent de cela. Directement, pour bien t'informer de ce que l'on peut faire en pareil cas pour pouvoir garder le droit de travailler d'abord, pour pouvoir choisir une garnison, etc., mais indirectement en soignant ta santé. Il ne

faut pas y arriver trop anémique ni trop énervé, si tu tiens à
sortir de là plus fort.

Je ne considère pas cela comme un très grand malheur pour
toi que tu sois obligé de partir soldat, mais comme une épreuve
très grave de laquelle — si tu en sors — tu sortiras un très
grand artiste.

D'ici là, fais tout ce que tu peux pour te fortifier, car il te
faudra joliment du nerf. Si, pendant cette année là, tu travailles
beaucoup, je crois que tu peux bien arriver à avoir un certain
stock de toiles, desquelles on cherchera à te vendre, sachant
que tu auras besoin d'argent de poche pour te payer des
modèles.

Volontiers, je ferai mon possible pour faire que ce qu'on a
commencé dans la salle (*) réussisse ; mais je crois que la première condition pour réussir, c'est de laisser là les petites
jalousies, il n'y a que l'union qui fasse la force. L'intérêt commun vaut bien qu'on lui sacrifie l'égoïste : chacun pour soi.

Je te serre bien la main.

(*) La salle dont il est question ici est celle d'un restaurant populaire de l'avenue de
Clichy dont Vincent avait conquis le patron et qu'il avait transformée en exposition de
nos tableaux. Par malheur, cette exhibition socialiste de nos toiles incendiaires se ter-
mina assez piteusement. Il y eut une altercation violente entre le patron et Vincent, ce
qui décida ce dernier à prendre sans retard une charrette à bras et à porter toute l'exposition à son atelier de la rue Lepic. Evidemment l'art du petit boulevard n'avait pas été
compris de son barnum.

(Note d'Emile Bernard).

LETTRE II

Arles.

Mon cher Bernard,

Ayant promis de t'écrire, je veux commencer par te dire que le pays me parait aussi beau que le Japon pour la limpidité de l'atmosphère et les effets de couleur gaie. Les eaux font des taches d'un bel émeraude et d'un riche bleu dans les paysages ainsi que nous le voyons dans les crépons. Des couchers de soleil orangé pâle, faisant paraître bleu les terrains. Des soleils jaunes splendides. Cependant je n'ai encore guère vu le pays dans sa splendeur habituelle d'été. Le costume des femmes est joli, et le dimanche surtout on voit sur le boulevard des arrangements de couleur très naïfs et bien trouvés. Et cela aussi sans doute s'égayera encore en été.

Je regrette que la vie ici n'est pas à si bon marché que je l'avais espéré, et je n'ai trouvé moyen jusqu'à présent de m'en tirer à aussi bon compte qu'on pourrait le faire à Pont-Aven. J'ai commencé par payer cinq francs, et maintenant je suis à quatre francs par jour. Il faudrait savoir le patois d'ici et savoir manger de la bouillabaisse et de l'aïoli, alors on trouverait sûrement une pension bourgeoise peu coûteuse. Puis, si on était à plusieurs, on obtiendrait — je suis porté à le croire — des conditions plus avantageuses. Il y aurait peut-être un réel avantage pour bien des artistes amoureux de soleil et de couleur, d'émigrer dans le midi. Si les japonais ne sont pas en progrès dans leur pays, il est indubitable que leur art se continue en France. En tête de cette lettre, je t'envoie un petit croquis d'une étude qui me préoccupe pour en faire quelque chose : des matelots qui remontent avec leurs amoureuses vers la ville qui profile l'étrange silhouette de son pont-levis sur un énorme soleil jaune. J'ai une autre étude du même pont-levis avec un groupe de laveuses.

Serai content d'un mot de toi pour savoir ce que tu fais et où tu iras. Poignée de main bien cordiale à toi-même et aux amis. Bien à toi.

LETTRE III

Mon cher copain Bernard,

Merci de ta bonne lettre et des croquis y inclus de ta décoration que je trouve bien drôle. Je regrette parfois de ne pas pouvoir me résoudre à travailler davantage chez moi et de fantaisie. Certainement l'imagination est une capacité qu'il nous faut développer et elle seule peut nous faire arriver à créer une nature plus exaltante et plus consolatrice que ce que le clin d'œil seul sur la réalité — que nous apercevons changeante, passant vite comme l'éclair — nous fait apercevoir.

Un ciel étoilé, par exemple, tiens, c'est une chose que je voudrais essayer à faire, de même que le jour j'essayerai à peindre une verte prairie étoilée de pissenlits. Comment, pourtant, y arriver, à moins de me résoudre à travailler chez moi et d'imagination. Ceci donc à ma critique et à ta louange.

Actuellement, je suis pris par les arbres fruitiers en fleurs : pêchers roses, poiriers blancs, jaunes. Je ne suis aucun système de touche. Je tape sur la toile à coups irréguliers, que je laisse tels quels.

Des empâtements, des endroits de toile pas couverts par ci, par là des coins laissés totalement inachevés, des reprises, des brutalités ; enfin le résultat est, je suis porté à le croire, assez inquiétant et agaçant pour que ça ne fasse pas le bonheur des gens à idées arrêtées d'avance sur la technique. Voici d'ailleurs un croquis, l'entrée d'un verger de Provence avec ses clôtures jaunes, avec son abri (contre le mistral) de cyprès noirs, avec ses légumes caractéristiques de verts variés : salades jaunes, oignons verts, poireaux émeraudes.

Tout en travaillant toujours directement sur place, je cherche à saisir dans le dessin ce qui est essentiel — puis les
espaces, limités par des contours, exprimés ou non, mais sentis, dans tous les cas, je les remplis de tons simplifiés également, dans ce sens que tout ce qui sera terrain participera
d'un même ton violacé, que tout le ciel aura une tonalité bleue,
que les verdures seront ou bien des verts-bleus ou bien des
verts-jaunes, exagérant à dessein les qualités jaunes et bleues
dans ce cas.

Enfin, mon cher copain, pas du trompe-l'œil en tout cas.

Pour ce qui est d'aller visiter Aix, Marseille, Tanger, pas
de danger. Si c'est que pourtant j'y aille, ce serait en quête de
logement à meilleur compte. Sans cela, je suis persuadé que
travaillant toute ma vie je ne pourrais pas à moitié près faire
tout ce qui est caractéristique de cette ville seule.

A propos, j'ai vu des combats de taureaux dans les arênes,
ou plutôt des simulacres de combats, vu que les taureaux
étaient nombreux, mais que personne ne les combattait. Seulement la foule était magnifique, les grandes foules bariolées,
superposées à deux et trois étages de gradins avec l'effet de
soleil et d'ombre et l'ombre portée de l'immense cercle.

LETTRE IV

Mon cher copain Bernard,

Merci beaucoup de ton envoi de sonnets, j'aime beaucoup comme forme et sonorité le premier :

Sous les dômes dormeurs des arbres gigantesques.

Maintenant, comme idée et sentiment, c'est peut-être le dernier que je préfère :

Car l'espoir dans mon sein a versé sa névrose.

Mais il me semble que tu ne dis pas assez clairement ce que tu veux donner à sentir : la certitude qu'on semble avoir, et qu'on peut, en tous cas, prouver du néant, du vide, de la trahison des choses désirables bonnes ou belles ; et que, malgré cette science, on se laisse duper éternellement par le charme qu'exerce sur nos six sens la vie extérieure, les choses en dehors de nous, comme si l'on ne savait rien et surtout pas la différence entre l'objectif et le subjectif. Heureusement pour nous, nous restons bêtes et espérants ainsi.

Maintenant, j'aime aussi :

L'hiver, n'avoir ni sou, ni fleurs

et *Mépris.*

Coin de chapelle et *Dessin d'Albert Dürer*, je les trouve moins clairs ; par exemple, quel est le dessin d'Albert Dürer, au juste. Mais là dedans des passages excellents, néanmoins :

Venus des plaines bleues
Blêmis par la longueur des lieues.

Rend joliment bien les paysages hérissés de rocs bleus entre lesquels serpentent les chemins, des fonds de Cranach et de Van Eyck.

Tordu sur sa croix en spirale

rend fort bien la maigreur exagérée des Christs mystiques. Pourquoi pas y ajouter que le regard angoissé du martyr est, comme l'œil d'un cheval de fiacre, navré ; ce serait ainsi plus parisien de Paris où l'on voit des regards comme ça, soit chez les pensionnaires des petites voitures soit chez les poètes, artistes.

En somme, ce n'est pas si bien que ta peinture encore ; n'importe, ça viendra, il faut sûrement continuer tes sonnets. Il y a tant de gens, surtout dans les copains, qui s'imaginent que les paroles ne sont rien, au contraire ; n'est-ce pas, c'est aussi intéressant et aussi difficile de bien dire une chose que de peindre une chose? Il y a l'art des lignes et des couleurs, mais l'art des paroles y est et n'y restera pas moins.

Voici un nouveau verger assez simple comme composition : un arbre blanc, un petit arbre vert, un coin de verdure carré, un terrain lilas, un toit orangé, un grand ciel bleu.

J'ai neuf vergers en train : un blanc, un rose presque rouge, un blanc bleu, un rose gris, un vert et rose.

J'en ai éreinté une (toile) hier, d'un cerisier contre ciel bleu, les jeunes pousses des feuilles étaient de l'orangé et de l'or, les touffes de fleurs blanches, cela contre le bleu vert du ciel était rudement glorieux. Malheureusement voilà la pluie aujourd'hui qui m'empêche de revenir à la charge.

Ai vu un bordel ici le dimanche — sans compter les autres jours — une grande salle teinte à la chaux bleuie — comme une école de village. Une bonne cinquantaine de militaires rouges et de bourgeois noirs, aux visages d'un magnifique jaune ou orangé (quels tons dans les visages d'ici), les femmes en bleu céleste, en vermillon, tout ce qu'il y a de plus entier et de plus criard. Le tout éclairé de jaune. Bien moins lugubre que les administrations du même genre à Paris.

11

Le spleen n'est pas dans l'air d'ici.

Actuellement, je me tiens encore très coi et très tranquille, puisque je dois d'abord guérir un dérangement d'estomac dont je suis l'heureux propriétaire ; mais après, il faudra faire beaucoup de bruit, car j'aspire à partager la gloire de l'immortel Tartarin de Tarascon.

Cela m'a énormément intéressé que tu aies l'intention de passer ton temps (de soldat) en Algérie. C'est parfait et rudement loin d'être un malheur. Vraiment je t'en félicite, nous nous verrons dans tous les cas à Marseille.

Tu verras que cela te fera du plaisir de voir le bleu d'ici et de sentir le soleil.

J'ai pour atelier maintenant une terrasse.

J'ai bien l'intention d'aller faire des marines aussi à Marseille, et je ne languis pas après la mer grise du Nord. Si tu vois Gauguin, dis-lui bien le bonjour pour moi.

Mon cher copain Bernard ne désespère pas et n'aie surtout pas le spleen, mon bon, car avec ton talent et ton séjour en Algérie, tu seras un rudement bon artiste vrai. Tu seras aussi du midi. Si j'ai un conseil à te donner, c'est de te fortifier, de manger des choses saines, un an d'avance, *oui*. Dès maintenant, parce qu'il vaut mieux ne pas venir ici l'estomac délabré et le sang vicié.

Moi, j'étais dans ce cas et quoi que je guérisse, je guéris lentement et je regrette de n'avoir pas été un peu plus prudent d'avance. Mais par un sacré hiver comme celui-ci, qui est-ce qui y peut rien, puisque c'était un hiver surhumain.

Fais-toi donc du bon sang d'avance ; ici, avec la mauvaise nourriture, c'est difficile de s'en refaire, mais une fois qu'on est sain, il est moins difficile qu'à Paris de le rester.

Ecris-moi bientôt, toujours même adresse : « Restaurant Carrel, Arles ».

Poignée de main.

LETTRE V

Mon cher Bernard,

Je viens de recevoir ta dernière lettre. Tu as bien raison de voir que ces négresses étaient navrantes. Tu as bien raison de ne pas trouver cela innocent.

Je viens de lire un livre — pas beau et pas bien écrit d'ailleurs — sur les îles Marquises, mais bien navrant lorsqu'il raconte l'extermination de tout une tribu indigène — antropophage dans ce sens que, disons une fois par mois — qu'est-ce que ça fait ! — on mangeait un individu.

Les blancs très chrétiens, etc..., pour mettre fin à cette barbarie (?) RÉELLEMENT PEU FÉROCE..., n'ont pas trouvé mieux que d'exterminer et la tribu des indigènes antropophages et la tribu avec laquelle la première guerroyait — pour se procurer ainsi, de part et d'autre, les personnes de guerre mangeables nécessaires.

Ensuite on a annexé les deux îles, qui sont devenues d'un lugubre !!

Ces races tatouées, ces nègres, ces indiens, tout, tout, tout disparaît ou se vicie. Et l'affreux blanc avec sa bouteille d'alcool, son porte-monnaie et sa vérole, quand donc l'aura-t-on assez-vu. L'affreux blanc avec son hypocrisie, son avarice et sa stérilité.

Et ces sauvages étaient si doux et si amoureux !

Ah ! tu fais rudement bien de penser à Gauguin. C'est de la haute poésie ses négresses, et tout ce que fait sa main a un caractère doux, navré, étonnant. On ne le comprend pas encore, et lui souffre beaucoup de ne pas vendre, comme d'autres vrais poètes.

Mon cher copain, je t'aurai déjà écrit plus tôt, seulement j'ai eu pas mal de choses sur les bras : J'ai expédié un premier envoi d'études à mon frère, et d'un.

J'ai eu du mal avec ma santé, et de deux.

Et de trois, j'ai loué une maison peinte en jaune en dehors, blanchie à la chaux en dedans, en plein soleil (4 pièces).

Avec tout cela, de nouvelles études en train. Et le soir, j'étais souvent trop abruti pour écrire. Voilà pourquoi ma réponse a tardé.

Écoute, le sonnet des femmes du Boulevard a du bon, mais n'y est pas, la fin est banale. *Une femme sublime...*, je ne sais pas ce que tu entends par là, ni toi non plus, dans ce cas.

Ensuite, et

> *Dans le clan des vieux et des jeunes maraude*
> *Ceux qu'elle emmènera coucher le soir, très tard.*

Quelque chose comme ça, ce n'est pas caractéristique, car les femmes de notre boulevard — du petit — d'habitude couchent seules la nuit, car elles t... cinq ou six c... dans la journée ou le soir et *très tard*, c'est cet honorable carnivore, leur m..., qui vient les chercher et les reconduire, mais il ne couche pas avec (que rarement). La femme éreintée et défaite se couche seule d'habitude, et dort d'un sommeil de plomb (*).

(*) Il ne sera pas sans intérêt, peut-être, que je publie ici le sonnet critiqué par Vincent, non à cause de mes vers, qui sont mauvais, mais à cause de son opinion même :

LA PROSTITUTION

A Vincent.

La Prostitution sort couverte de fard,
Le long du boulevard lumineux elle rôde
Et dans le clan des vieux et des jeunes maraude
Ceux qu'elle emmènera coucher ce soir, très tard.

Mais avec deux ou trois lignes refaites, cela y sera.

Qu'est-ce que tu as peint maintenant? J'ai fait, moi, une nature morte, avec : une cafetière en fer émaillé bleu, une tasse et soucoupe bleu de roi, un pot au lait carrelé, cobalt pâle et blanc, une tasse avec dessins orangés et bleus sur fond blanc, un pot en majolique bleue avec fleurs et feuillages verts, bruns, roses. Tout cela sur une nappe bleue, sur un fond jaune, avec ces poteries deux oranges et trois citrons (*).

C'est donc une variation de bleus, égayée par une série de jaunes qui vont jusqu'à l'orangé.

Puis, j'ai une autre nature morte, des citrons dans un panier sur fond jaune.

Puis, une vue d'Arles. De la ville on n'aperçoit que quelques toits rouges et une tour, le reste est caché par de la verdure de figuiers, cela tout au fond, et une bande étroite de ciel bleu dessus. La ville est entourée d'immenses prairies toutes fleuries d'innombrables boutons d'or — une mer jaune — ces prairies sont coupées sur le premier plan par un fossé rempli de fleurs d'iris violets. On a coupé l'herbe pendant que j'étais en train de peindre, ce n'est donc qu'une étude et non un tableau fait, que j'avais l'intention d'en faire. Mais quel motif,

Octobre 1887.

Je mets la date pour excuser ces folies.

(*Note d'*Emile Bernard).

—————————

(*) Voir le croquis dans les planches.

hein ! Cette mer jaune avec une barre d'iris violets, et au fond, la coquette petite ville aux jolies femmes !

Si tu n'attendais pas ma réponse de suite je ferais un croquis. Bon courage, bonne chance. Poignée de main. Je suis éreinté, ce soir. Je t'écrirai de nouveau de ces jours-ci, plus à mon aise.

P.-S. — Le portrait de femme, dans l'avant-dernière lettre, est bien joli. Mon adresse : 2, Place Lamartine, Arles.

1888

LETTRE VI

Mon cher copain Bernard,

Il me semble toujours, de plus en plus, que les tableaux qu'il faudrait faire pour que la peinture actuelle soit entièrement elle et monte à une hauteur équivalente aux cimes sereines qu'atteignirent les sculpteurs grecs, les musiciens allemands, les écrivains de romans français, dépassent la puissance d'un individu isolé ; ils seront donc créés probablement par des groupes d'hommes se combinant pour exécuter une idée commune.

Tel a une orchestration superbe des couleurs et manque d'idées.

Tel surabonde en conceptions neuves, navrantes ou charmantes, mais ne sait les exprimer d'une façon suffisamment sonore, donnée la timidité d'une palette bornée.

Grande raison pour regretter le manque d'esprit de corps dans les artistes, lesquels se critiquent, se persécutent, tout en ne parvenant heureusement point à s'annuler.

Tu diras que tout ce raisonnement est une banalité — que soit ! La chose elle-même pourtant : l'existence d'une Renaissance, ce fait-là, certes, n'en est pas une de banalité.

Une question technique. Dis-moi un peu ton opinion dans ta prochaine lettre.

Le *noir* et le *blanc*, tels que le marchand nous les vend tout simplement, je vais les mettre sur ma palette hardiement et les employer tels quels. Lorsque — et remarque que je parle de la simplification de la couleur à la Japonaise — lorsque je vois dans un parc vert aux sentiers roses, un monsieur qui est habillé de noir et juge de paix de son métier (le juif arabe dans le Tartarin de Daudet, appelle cet honorable fonctionnaire *Zouge de paix*), lequel lit l'*Intransigeant*. Au-dessus de lui et du parc un ciel d'un simple cobalt, pourquoi ne pas peindre ledit *Zouge de paix*, avec du simple noir d'os, et l'*Intransigeant* avec du simple blanc tout cru ?

Car le Japonais fait abstraction du reflet, posant des teintes plates l'une à côté de l'autre, des traits caractéristiques arrêtant des mouvements ou des formes.

Dans une autre catégorie d'idées, lorsqu'on compose un motif de couleurs exprimant par exemple un ciel jaune du soir, le blanc cru et dur d'un mur blanc contre le ciel à la rigueur s'exprime, et d'une façon étrange, par le blanc cru rabattu par un ton neutre, car le ciel même le colore d'un ton lilas fin. Encore dans ce paysage si naïf lequel est sensé nous représenter une cabane blanchie entièrement à la chaux (le toit aussi), posée sur un terrain orangé certes, car le ciel du midi et la Méditerranée bleue, provoquent un orangé d'autant plus intense que la gamme des bleus est plus montée de ton, la note noire de la porte, des vitres, de la petite croix sur le faîte font qu'il y a un contraste simultané de blanc et noir agréable à l'œil tout autant que celui du bleu avec l'orangé.

Pour prendre un motif plus amusant, supposons une femme habillée d'une robe carrelée, noir et blanc, dans le même paysage primitif d'un ciel bleu et d'une terre orangée, ce serait assez drôle à voir, je m'imagine. Justement à Arles, on porte souvent du carrelé blanc et noir.

Suffit que le noir et le blanc sont des couleurs aussi, car

dans bien des cas, elles peuvent être considérées comme couleurs, leur contraste simultané étant aussi piquant que celui du vert et du rouge, par exemple.

Les Japonais s'en servent, d'ailleurs. Ils expriment merveilleusement bien le teint mat et pâle d'une jeune fille et le contraste piquant de la chevelure noire avec du papier blanc et quatre traits de plume. Sans compter leurs buissons d'épines noires étoilés de mille fleurs blanches.

J'ai enfin vu la Méditerranée, laquelle, il est probable, tu franchiras avant moi. Ai passé une semaine à Saintes-Maries, il y avait des filles qui faisaient penser à Cimabue et à Giotto, minces, droites, un peu tristes et mystiques. Sur la plage toute plate, sablonneuse, de petits bateaux verts, rouges, bleus, tellement jolis comme forme et couleur qu'on pensait à des fleurs. Un seul homme les monte, ces barques-là ne vont guère sur la haute-mer. Ils fichent le camp lorsqu'il n'y a pas de vent et reviennent à terre s'il en fait un peu trop.

Il paraît que Gauguin est toujours, encore, malade.

Je suis bien curieux de savoir ce que tu as fait dernièrement ; moi, je fais toujours, encore, du paysage, ci-inclus croquis (voir le croquis des barques). J'aurais bien envie de voir l'Afrique aussi, mais je ne fais guère de plan fixe pour l'avenir, cela dépendra des circonstances.

Ce que je voulais savoir, c'est l'effet d'un bleu plus intense dans le ciel. Fromentin et Gérôme voient le terrain du midi incolore et un tas de gens le voient tel. Mon Dieu oui, si vous prenez du sable sec dans votre main, si vous allez regarder cela de près, l'eau aussi, l'air aussi considérés de cette façon sont incolores. *Pas de bleu sans jaune* et *sans orangé*, et si vous faites le bleu, faites donc le jaune, l'orangé aussi, n'est-ce pas ! Enfin, tu vas me dire que je ne t'écris que des banalités.

Poignée de main en pensée. Tout à toi.

12

LETTRE VII

Mon cher Bernard,

Pardonne-moi si j'écris bien à la hâte, je crains que ma lettre ne sera point lisible, mais je veux te répondre tout de suite.

Sais-tu que nous avons été très bêtes, Gauguin, toi et moi, de ne pas aller dans le même endroit. Mais lorsque Gauguin est parti, moi je n'étais pas encore sûr de pouvoir partir, et lorsque toi tu es parti, il y avait cet affreux argent, et les mauvaises nouvelles que j'avais données des frais d'ici qui t'ont empêché.

Si nous étions partis tous ensemble vers Arles, ça n'aurait pas été si bête ; car à trois, nous eussions fait le ménage chez nous. Et maintenant que je suis un peu mieux orienté, je commence à entrevoir des avantages. Pour moi, je me porte mieux ici que dans le nord. Je travaille même en plein midi, en plein soleil, sans ombre aucune, dans les champs de blé, et voilà, j'en jouis comme une cigale. Mon Dieu, si à vingt-cinq ans j'eusse connu ce pays au lieu d'y venir à trente-cinq ! A cette époque, j'étais enthousiasmé pour le gris ou l'incolore plutôt, je rêvais toujours de Millet et puis j'avais des connaissances en Hollande dans la catégorie des peintres Mauve, Israëls, etc.

Voici un croquis d'un semeur : grand terrain de mottes de terre labourée, franchement violet en grande partie.

Champ de blé mûr, d'un ton d'ocre jaune avec un peu de carmin.

Le ciel, jaune de chrôme presque aussi clair que le soleil lui-même qui est jaune de chrôme 1 avec un peu de blanc, tandis que le reste du ciel est jaune de chrôme 1 et 2 mélangés. Très jaune donc.

La blouse du Semeur est bleue et son pantalon blanc.

Toile de vingt-cinq carrée.

Il y a bien des rappels de jaune dans le terrain, des tons neutres résultant du mélange du violet avec le jaune; mais je me suis un peu *foutu* de la vérité de la couleur. Faire des images naïves de vieil almanach plutôt, de vieil almanach de campagne où la grêle, la neige, la pluie, le beau temps, sont représentés d'une façon tout à fait primitive, ainsi qu'Anquetin avait si bien trouvé sa *Moisson*.

Je ne te cache pas que je ne déteste pas la campagne y ayant été élevé — des bouffées de souvenirs d'autrefois, des aspirations vers cet infini dont le semeur, la gerbe sont les symboles m'enchantent encore, comme autrefois. Mais quand donc ferai-je le *ciel étoilé*, ce tableau qui toujours me préoccupe. Hélas! hélas! c'est bien, comme dit l'excellent copain Cyprien, dans *En ménage*, de J.-K. Huysmans : les plus beaux tableaux sont ceux que l'on rêve en fumant des pipes dans son lit, mais qu'on ne fait pas.

S'agit pourtant de les attaquer, quelque incompétent qu'on se sente vis-à-vis des ineffables perfections des splendeurs glorieuses de la nature.

Mais comme je voudrais voir l'étude que tu as faite du bordel!

Je me fais des reproches à n'en pas finir de ne pas encore avoir fait de figures ici.

Voici encore un paysage : Soleil couchant? Lever de lune?

Soleil d'été en tous cas.

Ville violette, astre jaune, ciel bleu-vert. Les blés ont tous les tons vieil or, cuivre, or-vert ou rouge, or-jaune, bronze-jaune, vert-rouge.

Toile de trente, carrée.

Je l'ai peint en plein mistral, mon chevalet était fixé en terre avec des piquets de fer, procédé que je te recommande. On enfonce les pieds du chevalet, puis on enfonce à côté un piquet de fer long de cinquante centimètres. On attache le tout avec des cordes. Vous pouvez ainsi travailler dans le vent.

Voici ce que j'ai voulu dire pour le blanc et le noir. Prenons le *Semeur*. Le tableau est coupé en deux, une moitié est jaune, le haut ; le bas est violet. Eh bien, le pantalon blanc repose l'œil et le distrait au moment où le contraste simultané excessif de jaune et de violet l'agacerait. Voilà ce que j'ai voulu dire.

Je connais ici un sous-lieutenant de zouaves nommé Milliet. Je lui donne des leçons de dessin — avec mon cadre perspectif — et il commence à faire des dessins, ma foi, j'ai vu bien pire que ça. Il a du zèle pour apprendre, a été au Tonkin, etc... Celui-là va partir au mois d'octobre pour l'Afrique. Si tu étais dans les zouaves il te prendrait avec lui et te garantirait une large marge de liberté relative pour faire de la peinture, si toutefois tu veux l'aider dans ses manigences artistiques à lui. Cela peut-il t'être de quelque utilité ? En cas qu'oui, fais-le moi savoir aussitôt que possible.

Une raison de travailler c'est que les toiles valent de l'argent. Tu me diras que d'abord cette raison est bien prosaïque, puisque tu doutes que cela soit vrai. C'est pourtant vrai.

Une raison de ne pas travailler, c'est que les toiles et couleurs ne font que nous coûter des sous, en attendant.

Les dessins, cependant, ne nous coûtent pas cher.

Gauguin s'embête aussi à Pont-Aven, se plaint comme toi de l'isolement. Si tu allais le voir ! Mais je n'en sais rien, s'il restera ; et je suis porté à croire qu'il a l'intention d'aller à Paris. Il dit qu'il croyait que tu serais venu à Pont-Aven. Mon Dieu, si nous étions ici tous les trois ! Tu me diras que c'est trop loin. Bon, *mais en hiver*, puisqu'ici on peut travailler toute

l'année. Voilà ma raison pour aimer ce pays, c'est d'avoir
moins à redouter le froid qui, en empêchant mon sang de cir-
culer, m'empêche de penser, de faire quoi que ce soit.

Tu pourras en juger, lorsque tu seras soldat.

Ta mélancolie s'en ira, laquelle pourrait rudement bien venir
de ce que tu as trop peu de sang ou le sang vicié, ce que je ne
pense pourtant pas.

C'est ce sacré sale vin de Paris et la sale graisse des
biftecks qui vous font cela. Mon Dieu, j'étais arrivé à un état
de choses que chez moi le sang ne marchait plus du tout,
mais ce qu'on appelle point du tout, à la lettre. Seulement, au
bout de quatre semaines d'ici, cela s'est remis en marche ;
mais, mon cher copain, à cette même époque j'ai eu une
attaque de mélancolie comme la tienne, de laquelle j'eusse
autant souffert que toi, si ce n'était que je la saluais avec grand
plaisir, comme signe que j'allais guérir — ce qui est aussi
arrivé.

Au lieu donc de retourner à Paris, reste en pleine campagne,
car tu as besoin de forces pour sortir comme il faut de cette
épreuve d'aller en Afrique. Or, plus que tu te fais du sang,
et du bon sang avant, mieux c'est, car là-bas, dans la chaleur,
on s'en fabrique peut-être difficilement.

Faire de la peinture et b... beaucoup n'est pas compatible,
voilà qui est bien emmerdant.

Le symbole de saint Luc, le patron des peintres, est, comme
tu le sais, un bœuf. Il faut donc être patient comme un bœuf
si l'on veut labourer dans le champ artistique. Mais les
taureaux sont bien heureux de ne pas avoir à travailler dans
la sale peinture.

Mais ce que je voulais dire est ceci : après la période de
mélancolie tu seras plus fort qu'auparavant, ta santé repren-
dra, et tu trouveras la nature environnante tellement belle
que tu n'auras plus d'autre désir que de faire de la peinture.

Je crois que ta poésie changera encore aussi dans le même sens qu'en peinture. Tu es, après des choses excentriques, arrivé à en faire qui ont un calme égyptien et une grande simplicité.

> *Que l'heure est donc brève*
> *Qu'on passe en aimant,*
> *C'est moins qu'un instant,*
> *Un peu plus qu'un rêve.*
> *Le temps nous enlève*
> *Notre enchantement.*

Ce n'est pas du Baudelaire cela, je ne sais même pas de qui c'est ; ce sont les paroles d'une chanson dans le Nabab de Daudet — voilà où je l'ai pris — mais est-ce que cela ne dit pas la chose *comme un haussement d'épaule de vraie dame ?*

J'ai lu ces jours-ci *Madame Chrysanthème*, de Loti ; cela donne des notes intéressantes sur le Japon. Mon frère a, dans ce moment, une exposition de Claude Monet, je voudrais bien les voir. Entre autres, Guy de Maupassant y était venu et a dit que dorénavant il reviendrait souvent au boulevard Montmartre.

Je dois aller peindre, donc je finis ; probablement je t'écrirai de nouveau sous peu. Je te demande mille pardons de n'avoir pas suffisamment affranchi la lettre, je l'avais pourtant affranchie *à la poste*, et ce n'est pas la première fois que cela m'arrive ici d'avoir été trompé en affranchissant. Tu ne te fais pas d'idée du laisser aller, de la nonchalance des gens ici. Enfin tu verras sous peu tout cela de tes propres yeux, en Afrique. Merci de ta lettre. J'espère t'écrire bientôt, à un moment où je serai moins pressé. Poignée de main.

Tout à toi.

LETTRE VIII

Mon cher copain Bernard,

Tu admettras, je n'en doute nullement, que ni toi ni moi
ne puissions avoir de Velasquez et de Goya une idée complète
de ce qu'ils étaient comme hommes et comme peintres ; car
ni toi ni moi n'avons vu l'Espagne, leur pays, et tant de belles
choses qui sont restées dans le Midi. N'empêche que ce que
l'on en connaît c'est déjà quelque chose.

Va sans dire que, pour les gens du Nord, Rembrandt en
tête, il est excessivement désirable de connaître, en jugeant ces
peintres, et leur œuvre dans toute son étendue et leur pays, et
l'histoire un peu intime et serrée de l'époque et des mœurs de
l'antique pays.

J'y tiens à te répéter que ni Baudelaire ni toi ont une idée
nette suffisamment en tant que Rembrandt.

En tant que quant à toi, je ne saurais trop t'encourager à
regarder longtemps grands et petits hollandais, avant de t'arrêter une opinion. Ici il s'agit non seulement de pierres précieuses, mais il s'agit de démêler des merveilles dans des merveilles.

Puis, pas mal de strass dans les diamants.

Ainsi pour moi qui, vingt ans déjà durant, étudie l'école de
mon pays, la plupart des cas je ne répondrais même pas, s'il
en était question, tellement en général j'entends parler à côté
de la question lorsqu'on discute les peintres du nord.

Ainsi à toi je n'ai qu'à répondre : Bah ! regarde donc un
peu mieux que ça, vraiment ça en vaut mille fois la peine.

Or si, par exemple, je prétends que l'Ostade du Louvre qui

représente la *Famille du peintre* (l'homme, la femme, la dizaine de gosses), est un tableau infiniment digne d'étude et de réflexion, ainsi que la *Paix de Munster*, de Terburg. Si dans la galerie du Louvre les tableaux que personnellement je *préfère* et trouve les plus étonnants sont très souvent oubliés par les artistes, même ceux qui vont voir les Hollandais, alors j'en suis fort peu étonné, sachant que mon choix dans cette galerie-là est fondé sur des connaissances en cette matière que la plupart des français ne sauraient avoir.

Mais si avec toi, par exemple, je différais d'opinion à ces sujets, j'aurais confiance que tu me donnerais raison plus tard.

Ce qui me navre au Louvre, c'est de voir leurs Rembrandt se gâter et les crétins de l'administration abîmer beaucoup de beaux tableaux.

Ainsi la tonalité jaune embêtante de certains Rembrandt est un effet de la détérioration par humidité ou autres causes, dans des cas que je pourrais te montrer au doigt.

Aussi difficile de dire quelle est la couleur de Rembrandt que de donner un nom au gris Velasquez. On pourrait dire, faute de mieux, or Rembrandt. Et c'est ce qu'on fait, mais c'est bien vague.

Venant en France, moi j'ai peut-être mieux que bien des français eux-mêmes, senti Delacroix et Zola pour lesquels ma sincère et franche admiration est sans bornes.

Puisque j'avais une idée un peu complète de Rembrandt, l'un, Delacroix, procédé par les couleurs, l'autre, Rembrandt, par les valeurs, mais ils s'équivalent.

Zola et Balzac en tant que peintres d'une société, d'une nature dans son ensemble, causent à ceux qui les aiment, des émotions artistiques rares, par cela même qu'ils embrassent le tout de l'époque qu'ils peignent.

Si Delacroix peint l'humanité, la vie en général, au lieu d'une époque, pas moins il est de la même famille des génies universels.

J'aime bien le dernier mot de, je crois, Silvestre (*), qui termine ainsi un article magistral.

« Ainsi mourut — presque en souriant — Eugène Delacroix, peintre de grande race, qui avait un soleil dans la tête et un orage dans le cœur, qui allait des guerriers aux saints, des saints aux amoureux, des amants aux tigres, et des tigres aux fleurs. »

Daumier est un bien grand génie aussi.

Millet encore un peintre d'une race entière et des milieux où elle vit

Possible que ces grands génies ne soient que des toqués, et que pour avoir foi et admiration sans bornes pour eux il faille également être toqué.

Cela serait, je préférerais ma folie à la sagesse des autres.

Aller indirectement à Rembrandt est peut-être le chemin le plus direct. Parlons de Franz Hals. Jamais il n'a peint de Christs, d'annonciations aux bergers, d'anges ou de crucifixions et résurrections, jamais il n'a peint de femmes nues voluptueuses et bestiales.

Il a fait des portraits ; rien, rien que cela.

Portraits de soldats, réunions d'officiers, portraits de magistrats assemblés pour les affaires de la république, portraits de matrones à peau rose ou jaune, de blancs bonnets coiffées, de laine et de satin noir habillées, discutant le budget d'un orphelinat ou d'un hospice. Il a fait le portrait de bons bourgeois en famille, l'homme, la femme, l'enfant. Il a peint le buveur gris, la vieille marchande de poisson en hilarité de sorcière, la belle p... bohémienne, les bébés au maillot, le crâne gentilhomme bon vivant, moustachu, botté et éperonné. Il s'est peint, lui et

(*) Théophile Silvestre, auteur du livre : *Les Artistes Français*.

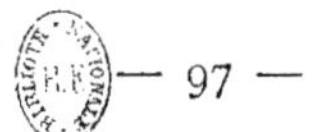

sa femme, jeunes, amoureux, dans un jardin, sur un banc de gazon, après la première nuit de noce. Il a peint les voyous et les gamins riants, il a peint les musiciens et il a peint une grosse cuisinière.

Il n'en sait pas plus long que cela ; mais cela vaut bien le Paradis du Dante et les Michel-Ange et les Raphaël et les Grecs même. C'est beau comme Zola, et plus sain et plus gai, mais aussi vivant, parce que son époque était plus saine et moins triste.

Maintenant, qu'est-ce que Rembrandt ?

La même chose, absolument ; un peintre de portraits.

Voilà d'abord l'idée saine, large, claire, qu'il s'agit d'avoir de ces deux sommités hollandaises qui s'équivalent, avant d'entrer plus loin en matière. Cela bien compris, toute cette glorieuse république, représentée par ces deux féconds portraitistes, reconstituée à grands traits, nous conservons très ample marge pour les paysages, les scènes d'intérieur, les animaux, les sujets philosophiques.

Mais, je t'en supplie, suis bien ce raisonnement droit que je m'efforce de te présenter d'une façon fort simple.

Fourre-toi dans la tête ce maître, Franz Hals, peintre de portraits divers, de toute une république crâne et vivante et immortelle. Fourre-toi dans la tête le non moins grand et universel maître peintre de portraits de la république hollandaise : Rembrandt Van Ryn, homme large et naturaliste, et large autant que Hals lui-même. Et, après, nous verrons de cette source, Rembrandt, découler les élèves directs et vrais : Van der Meer de Delft, Fabritius, Nicolas Maes, Pieter de Hooch, Bol et les influencés par lui, Potter, Ruysdaël, Ostade, Terburg. Je te nomme là Fabritius duquel nous ne connaissons que deux toiles, je ne nomme pas un tas de bons peintres, et surtout pas le strass de ces diamants ; assez bien introduit dans les crânes français vulgaires, ce strass.

Suis-je, mon cher copain Bernard, très incompréhensible ?
Cette fois-ci, je cherche à te faire voir la grande chose simple :
la peinture de l'humanité, de toute une république, disons
plutôt, par le simple moyen du portrait. Cela d'abord et avant
tout. Plus tard — si au sujet de Rembrandt nous avons affaire
un peu à de la magie, à des Christs, à des femmes nues, c'est
fort intéressant, mais c'est pas le principal. Baudelaire, qu'il
taise son bec sur ce territoire, c'est des mots sonores et puis
d'un creux (*).

Prenons Baudelaire pour ce qu'il est, poète moderne ainsi
que Musset en est un autre, mais qu'il nous fiche la paix quand
nous parlons peinture. Je n'aime pas autant que les autres ton
dessin *Lubricité*. J'aime l'*Arbre* cependant, il a beaucoup
d'allure.

Poignée de main. Tout à toi.

(*) Tout ceci provoqué par une citation admirative de ma part du beau quatrain
des *Phares*, de Charles Baudelaire :

Rembrandt triste hôpital tout rempli de murmures
Et d'un grand crucifix décoré seulement,
D'où la prière en pleurs s'exhale des ordures
Et d'un rayon d'hiver traversé brusquement.

LETTRE IX

Mon cher copain Bernard,

Je m'aperçois que j'ai oublié de répondre à ta question, si Gauguin est toujours à Pont-Aven. Oui, il y est encore, et si tu as envie de lui écrire, suis porté à croire que cela lui fera plaisir. Il demeure jusqu'à présent probable qu'il me rejoindra ici sous peu, aussitôt que, de part ou d'autre, nous pourrons trouver les frais du voyage.

Je ne crois pas que cette question des Hollandais, laquelle nous traitons de ces jours-ci, soit sans intérêt. Lorsqu'il est question de virilité, d'originalité, de naturalisme quelconque, il est bien intéressant de les consulter. Il faut d'abord que je te reparle de toi, de deux natures-mortes que tu as faites et de deux portraits de ta grand'mère. As-tu jamais fait mieux et as-tu jamais davantage été *toi* et quelqu'un ? Pas à mon avis. L'étude profonde de la première chose tombant sous la main de la première personne venue suffisant pour *créer* réellement. Sais-tu ce qui me faisait tant aimer ces trois ou quatre études ? Je ne sais quoi de volontaire, de très sage, je ne sais quoi de fixe et de ferme et sûr de soi dont elles faisaient preuve. Jamais tu n'as été plus près de Rembrandt, mon cher, qu'alors.

Dans l'atelier de Rembrandt, l'incomparable Sphinx, Van der Mer de Delft a trouvé cette technique excessivement solide qui n'a pas été surpassée, qu'actuellement.... on brûle.... de trouver. Oh, je sais que nous autres travaillons et raisonnons *couleur*, comme eux *clair-obscur*, *valeur*.

Q'importent ces différences, alors qu'il s'agit, en somme, de s'exprimer fortement ?

Actuellement, tu es en train de scruter les procédés italiens et allemands primitifs, la signification symbolique que peut contenir le dessin abstrait et mystique des Italiens. *Faites.*

J'aime assez, moi, cette anecdote relative à Giotto. Il y avait un concours pour exécuter je ne sais quel tableau représentant une Vierge. Un tas de projets sont envoyés à l'administration des Beaux-Arts de ce temps-là. Un de ces projets, signé Giotto, est tout simplement un ovale, une sorte d'œuf. L'administration, intriguée — et confiante — confie la Vierge en question à Giotto. Est-ce vrai ou non, je l'ignore ; mais j'aime assez l'anecdote.

Pourtant, retournons à Daumier et à ta grand'mère.

Quand est-ce que tu nous en remontreras d'études de cette solidité-là ? Je t'y engage, tout en ne méprisant aucunement tes recherches relatives aux propriétés des lignes à mouvements opposés — n'étant point indifférent, je l'espère, aux contrastes simultanés des lignes, des formes. Le mal est — vois-tu, mon cher copain Bernard — que Giotto, Cimabue, ainsi que Holbein et Van Dyck, vivaient dans une société obélisquale — passe-moi donc le mot — échafaudée, construite architecturalement, où chaque individu était une pierre, toutes se tenant et formant société monumentale. Cette société, lorsque les socialistes construiront — ce dont ils sont passablement éloignés — logiquement leur édifice social — on en reverra — je n'en doute point — une incarnation. Mais, tu sais, nous sommes en plein laisser-aller et anarchie.

Nous, artistes, amoureux de l'ordre et de la symétrie, nous nous isolons et travaillons à définir une seule chose.

Puvis sait bien cela, et lorsque lui, si sage et si juste, a voulu — oubliant ses Champs-Élysées — descendre aimablement jusqu'à l'intimité de notre époque, il a fait un bien beau portrait : le vieillard serein, dans son clair intérieur bleu, lisant le roman à couverture jaune — un verre d'eau, dans lequel un pinceau pour l'aquarelle et une rose, à côté de lui. Aussi une dame du monde, telle qu'en ont portraituré les de Goncourt.

Or, les Hollandais, nous les voyons peindre des choses telles quelles, apparemment sans raisonner, comme Courbet peignait ses belles femmes nues. Ils font des portraits, paysages, natures-mortes. On peut être plus bête que cela et faire de plus grandes folies.

Si nous ne savons que faire, mon cher copain Bernard, alors, nous, faisons comme eux, si ce n'était que (*) pour ne pas laisser s'évaporer notre rare force cérébrale en de stériles méditations métaphysiques qui ne sauraient mettre en bocal le chaos, lequel est chaotique pour cela même qu'il ne tient dans aucun verre de notre calibre.

Nous pouvons — et voilà ce que faisaient ces Hollandais désespérément malins pour les gens à systèmes — nous pouvons peindre un atome du chaos, un cheval, un portrait, ta grand'mère, les pommes, un paysage.

Pourquoi dis-tu que X... b... mal? X... vit comme un petit notaire et n'aime pas les femmes. sachant que s'il les aimait et les b... beaucoup, cérébralement malade, il deviendrait inepte en peinture.

La peinture de X... est virile et impersonnelle justement parce qu'il a accepté de n'être personnellement qu'un petit notaire ayant en horreur de faire la noce. Il regarde des animaux humains plus forts que lui, b... et b..., et il les peint bien, justement parce qu'il n'a pas tant que ça la prétention de b...

Rubens ! ah ! voilà ! il était bel homme et bon b..., Courbet aussi. Leur santé leur permettait de boire, manger, b...

Pour toi, mon pauvre cher copain Bernard, je te l'ai déjà prédit ce printemps : mange bien, fais bien l'exercice militaire,

(*) Lire quand ce ne serait que...

b... pas trop fort, ta peinture en ne b... pas trop fort n'en sera
que plus couillarde.

Ah ! Balzac, ce grand et puissant artiste nous l'a bien dit que
pour les artistes modernes la chasteté relative les fortifiait.

Les Hollandais étaient *gens mariés, faisant des enfants;*
beau, bien beau métier, bien dans la nature.

Une seule hirondelle n'amène pas le printemps. Je ne dis pas
que dans tes nouvelles études bretonnes il n'y en ait pas de
viriles et fermes, je ne les ai pas encore vues, donc ne saurais
en parler. Mais j'ai vu ces choses viriles, le portrait de ta
grand'mère et tes natures mortes. D'après tes dessins, je doute
vaguement de ce que les nouvelles études auraient en égale
force juste au point de vue viril.

Ces études dont je parle en premier lieu, tu vois, c'est l'hirondelle première de ton printemps d'artiste.

Si nous voulons nous, bien b... pour notre œuvre, nous
devons quelquefois nous résigner à peu b..., et pour le reste
être, selon que notre tempérament le requiert, soldats ou
moines.

Les Hollandais, encore une fois, avaient des mœurs et une
vie paisible, calme, réglée.

Delacroix — ah ! celui-là ! — « J'ai - dit-il — trouvé la
peinture lorque je n'avais plus ni dents, ni souffle ! » et ceux qui
ont vu peindre cet illustre artiste disaient : « Quand Delacroix
peint, c'est comme le lion qui dévore le morceau ». Lui ne b...
que peu et ne faisait que les amours faciles pour ne pas dérober
au temps consacré à son œuvre.

Si dans cette lettre plus incohérente en apparence, et consi-
dérée en soi sous ses rapports avec ta correspondance et surtout
l'amitié précédente, que je ne la désirais; si dans cette lettre
tu découvres que j'ai quelques inquiétudes — en tous cas
sollicitudes — pour ta santé, prévoyant la dure épreuve que
tu auras à traverser en faisant ton service, obligatoire,

hélas ! alors, tu la liras bien. Je sais que l'étude des Hollandais ne saurait que te faire du bien, leurs œuvres étant si viriles, si couillardes et si saines. Personnellement, je me trouve assez bien de continence, ça suffit à nos faibles cervelles impressionnables d'artistes de donner leur essence à la création de nos tableaux. Car en réfléchissant, calculant, nous éreintant, nous dépensons de l'activité cérébrale.

Pourquoi nous efforcer à écouler toutes nos sèves créatrices là où les m..... de profession et les simples michés bien nourris travaillent davantage à la satisfaction de la p....., plus soumise dans ce cas que nous-mêmes.

La p..... soumise en question a davantage ma sympathie que ma compassion.

Être exilé, rebut de la société, comme moi et toi artistes le sommes, elle est certes notre amie et sœur.

Et elle trouve dans cette position de *rebut* — de même que nous — une indépendance qui n'est pas sans avoir ses avantages, tout bien considéré. Ne nous trompons donc pas de point de vue en croyant la servir par une réhabilitation sociale, d'ailleurs peu praticable et qui lui serait funeste.

Je viens de faire un portrait d'un facteur ou plutôt même deux portraits.

Type socratique, pas moins socratique pour être un peu alcoolique, et conséquemment haut en couleur. Sa femme venait d'accoucher, le bonhomme luisait de satisfaction. Il est terrible républicain, *comme le père Tanguy*. Non de D...! Quel motif à peindre à la Daumier, eh !

Il se raidissait trop dans la pose, voilà pourquoi je l'ai peint deux fois, la deuxième fois dans une seule séance. Sur la toile blanche, fond bleu, presque blanc, dans le visage tous les tons rompus, jaune, vert, violacés, roses, rouges. L'uniforme, bleu de Prusse, agrémenté de jaune.

Si le cœur t'en dit, écris-moi bientôt, suis fort encombré et

n'ai pas encore trouvé le temps pour croquis des figures. Poignée de main. Tout à toi.

P.-S. — Cézanne est justement homme marié bourgeoise-
ment, comme les vieux hollandais ; s'il bande bien dans son
œuvre c'est que ce n'est pas un trop évaporé par la noce.

14

Mon cher copain Bernard,

Merci mille fois de ton envoi de dessins. J'aime beaucoup l'allée de Platanes au bord de la mer avec deux femmes causant sur l'avant-plan et des promeneurs. Egalement la femme sous le pommier, la femme à l'ombrelle ; puis les quatre dessins de femmes nues, surtout celle qui se lave, un effet gris, agrémenté de noir, blanc, jaune, brun. C'est charmant.

Ah ! Rembrandt !... — toute admiration pour Baudelaire, à part, j'ose supposer, surtout d'après ces vers là, qu'il ignorait Rembrandt à peu près complètement — je viens de trouver et d'acheter ici une petite eau forte d'après Rembrandt, une étude d'homme nu, réaliste et simple. Il est debout, appuyé contre une porte ou colonne, dans un intérieur sombre, un rayon d'en haut frise la figure baissée et les grands cheveux roux. On dirait un Degas, pour le corps vrai et senti dans son animalité. Mais, voyons, as-tu *bien* regardé le « Bœuf » ou l' « Intérieur d'un Boucher », au Louvre ? Tu n'as pas bien regardé cela, et Baudelaire encore infiniment moins.

Ce serait une fête pour moi que de passer une matinée avec toi dans la galerie des hollandais. Tout cela ne se décrit guère, mais, devant les tableaux, je pourrais te montrer des merveilles et des miracles qui pour moi font que les primitifs n'ont pas du tout — en premier lieu et le plus directement — mon admiration.

Que veux-tu, je suis si peu excentrique ; une statue grecque, un paysan de Millet, un portrait hollandais, une femme nue,

de Courbet ou de Degas, ces perfections calmes et modelées
font que bien d'autres choses, les primitifs comme les japonais,
me paraissent de l'*écriture à la plume*. Cela m'intéresse infiniment, mais une chose complète, une perfection nous rend
l'infini tangible ; et jouir d'une belle chose, c'est, comme le
coït, le moment de l'infini.

Ainsi, connais-tu un peintre nommé Vandermeer qui, par
exemple, a peint une dame hollandaise très belle, enceinte. La
palette de cet étrange peintre est : jaune citron, gris perle,
noir, blanc. Certes, il y a dans ses rares tableaux, à la rigueur,
toutes les richesses d'une palette complète ; mais l'arrangement jaune citron, bleu pâle, gris perle, lui est aussi caractéristique que le noir, blanc, gris, rose, l'est à Vélasquez.

Enfin, je le sais, Rembrandt et les hollandais sont éparpillés
dans les musées et collections, et ce n'est pas très facile de
s'en faire une idée si on ne connaît que le Louvre.

Pourtant ce sont des français : Charles Blanc, Thoré, Fromentin, certains autres, qui ont, mieux que les hollandais,
écrit sur cet art là.

Ces hollandais là n'avaient guère d'imagination ni de fantaisie, mais énormément de goût et la science d'arrangement. Ils
n'ont pas peint de Jésus-Christ, Bon Dieu et autres — Rembrandt pourtant — en effet, mais voilà le *seul* (et c'est relativement peu dans son œuvre (*), les sujets bibliques). Voilà le seul
qui, par exception, ont fait des Christs, etc... Et, chez lui, cela
ne ressemble guère à quoi que ce soit d'autres peintres religieux, c'est une magie métaphysique.

Ainsi Rembrandt a peint des anges. Il fait un portrait de
soi-même, vieux, édenté, ridé, coiffé d'un bonnet de coton,
1° tableau d'après nature, dans un miroir. Il rêve, rêve et sa
brosse recommence son propre portrait, mais de tête, et l'ex-

(*) Etrange assertion !... Les Pèlerins d'Emmaüs ou le Bon Samaritain, peu de chose
dans l'œuvre de Rembrandt !...   (Note d'Emile BERNARD).

pression en devient plus navrée et plus navrante. Il rêve, rêve encore, et pourquoi ou comment, je ne sais, mais ainsi que Socrate et Mahomet avaient un génie familier, Rembrandt derrière ce vieillard qui a une ressemblance avec lui-même peint un ange surnaturel au sourire à la Vinci.

Je te montre un peintre qui rêve et qui peint d'imagination, et je commençais par prétendre que le caractère des hollandais est qu'ils n'inventent rien, qu'ils n'ont pas d'imagination ni de fantaisie.

Suis-je illogique ? Non.

Rembrandt n'a rien inventé et cet ange et ce christ étrange, c'est qu'il les connaissait, les sentait-là.

Delacroix peint un Christ par l'inattendu d'une note de citron clair, cette note colorée et lumineuse étant dans le tableau ce qu'est l'ineffable étrangeté et le charme d'une étoile dans un coin de firmament ; Rembrandt travaille avec les valeurs de la même façon que Delacroix avec les couleurs.

Or, il y a loin entre le procédé de Delacroix et de Rembrandt et celui de tout le reste de la peinture religieuse.

Je t'écris bientôt de nouveau. Ceci pour te remercier de tes dessins qui me font un énorme plaisir. Je viens de terminer un portrait de jeune fille de douze ans, yeux bruns, cheveux et sourcils noirs chairs gris-jaune, le fond blanc teinté fortement de Véronèse, jaquette rouge-sang, rayée de violet, jupe bleue à gros pointillé orangé, dans la mignonne petite main une fleur de laurier rose.

J'en suis éreinté, tellement que je n'ai guère la tête aux écritures. A bientôt et, encore une fois, bien merci.

Tout à toi.

Mon cher Bernard,

Tu fais très bien de lire la Bible. Je commence par là, parceque je me suis toujours abstenu de te recommander cela. Involontairement, en lisant les citations multiples de Moïse, de Saint Luc, tiens, me dis-je, il ne lui manquait plus que cela, ça y est maintenant en plein... la névrose artistique.

Car l'étude du Christ la donne inévitablement, surtout dans mon cas où c'est compliqué par le culottage de pipes innombrables.

La Bible, c'est le Christ, car l'Ancien Testament tend vers ce sommet. Saint Paul et les Évangélistes occupent l'autre pente de la montagne sacrée.

Que c'est petit, cette histoire ! Mon Dieu, voilà. Il n'y a donc que ces Juifs au monde, qui commencent par déclarer tout ce qui n'est pas eux impur.

Les autres peuples sous le grand soleil de là-bas, les Egyptiens, les Indiens, les Ethiopiens. Babylone, Ninive, que n'ont-ils leurs annales écrites avec le même soin ! Enfin, l'étude de cela c'est beau, et enfin savoir tout lire équivaudrait à ne pas savoir lire du tout.

Mais la consolation de cette Bible si attristante qui soulève notre désespoir et notre indignation — nous navre pour de bon, tout outré par sa petitesse et sa folie contagieuse — la consolation qu'elle contient, comme un noyau dans une écorce dure, une pulpe amère, c'est le Christ.

La figure du Christ n'a été peinte comme je la sens que par

Delacroix et par Rembrandt... et puis Millet a peint... la doctrine du Christ.

Le reste me fait un peu sourire, le reste de la peinture religieuse — au point de vue religieux, non pas au point de vue de la peinture. Et les primitifs italiens — Botticelli, disons les primitifs flamands, Van Eyck, allemands, Cranach, ce ne sont que des païens qui ne m'intéressent qu'au même titre que les Grecs, que Velasquez et que tant d'autres naturalistes.

Le Christ seul — entre tous les philosophes, magiciens, etc., — a affirmé comme certitude principale la vie éternelle, l'infini du temps, le néant de la mort, la nécessité et la raison d'être de la sérénité et du dévouement. Il a vécu sereinement, en *artiste plus grand que tous les artistes, dédaignant et le marbre et l'argile et la couleur, travaillant en chair vivante.*

C'est-à-dire que cet artiste inouï et à peine concevable, avec l'instrument obtus de nos cerveaux modernes nerveux et abrutis ne faisait pas de statues, ni de tableaux, ni de livres ; il l'affirme hautement, il faisait... *des hommes vivants*, des immortels.

C'est grave ça, surtout parce que c'est la vérité.

Ce grand artiste n'a pas non plus fait de livres ; la littérature chrétienne, certes, dans son ensemble, l'indignerait, et bien rares sont dans celle-là les produits littéraires qui, à côté de l'Evangile de Luc, des épîtres de Paul — si simples dans leur forme dure et guerrière — puissent trouver grâce. Ce grand artiste — le Christ — s'il dédaignait d'écrire des livres sur les idées (sensations), a certes bien moins dédaigné la parole parlée — la Parabole surtout. (Quel semeur, quelle moisson, quel figuier ! etc.).

Et qui nous oserait dire qu'il en ait menti le jour où, prédisant avec mépris la chute des constructions romaines, il affirma : « Quand bien même ciel et terre passeraient, mes paroles ne passeront point ».

Ces paroles parlées — qu'en grand seigneur prodigue il ne
daignait même pas écrire, sont un des plus hauts — le plus
haut — sommets atteints par l'art qui y devient force créatrice,
puissance créatrice pure.

Ces considérations, mon cher copain Bernard, nous mènent
bien loin, bien loin; nous élevant au-dessus de l'art même.
Elles nous font entrevoir l'art de faire la vie, l'art d'être
immortel-vivant.

Elles ont des rapports avec la peinture.

Le patron des peintres — Saint Luc, médecin, peintre,
évangéliste — qui a pour symbole, hélas! rien que le bœuf,
est là pour nous donner l'espérance.

Pourtant notre vie propre et vraie est bien humble celle de
nous autres peintres végétant sous le joug abrutissant des difficultés d'un métier presque pas praticable sur cette si ingrate
planète, à la suface de laquelle « l'amour de l'art fait perdre
l'amour vrai ».

Puisque pourtant rien ne s'y oppose — en supposant que
dans les autres innombrables planètes et soleils il y ait également et des lignes et des formes et des couleurs — il nous
demeure loisible de garder une sérénité relative quant aux
possibilités de faire de la peinture dans des conditions supé-
rieures dans une autre existence, par un phénomène peut-être
pas plus malin et pas plus surprenant que la transformation
de la chenille en papillon, du ver blanc en hanneton.

Laquelle existence de peintre-papillon aurait pour champ
d'action un des innombrables astres qui, après la mort, ne
nous seraient peut-être pas davantage inaccessibles que les
points noirs qui sur la carte géographique nous symbolisent
villes et villages ne nous le sont dans notre vie terrestre.

La science — le raisonnement scientifique — me paraît être
un instrument qui ira bien loin dans la suite.

Car voici : on a supposé la terre plate. C'était vrai ; elle l'est encore aujourd'hui, de Paris à Asnières, par exemple.

Seulement n'empêche que la science prouve que la terre est surtout ronde. Ce qu'actuellement personne ne conteste.

Or, actuellement, on en est encore, malgré ça, à croire que la *vie est plate* et va de la naissance à la mort.

Seulement, elle aussi, la vie, est probablement *ronde*, et très supérieure en étendue et capacité à l'hémisphère qui nous est à présent connu.

Des générations futures, il est probable, nous éclairciront sur ce sujet si intéressant ; et alors la Science elle-même pourrait — ne lui déplaise — arriver à des conclusions plus ou moins parallèles aux dictions du Christ, relatives à l'autre moitié de l'existence.

Quoiqu'il en soit, le fait est que nous sommes des peintres dans la vie réelle et qu'il s'agit de souffler de son souffle tant qu'on a le souffle.

Ah ! le beau tableau d'Eugène Delacroix : *La Barque du Christ sur la mer (sic) de Génésareth.* Lui — avec son auréole d'un pâle citron — dormant lumineux dans la tache de violet dramatique, de bleu sombre, de rouge sang du groupe des disciples ahuris — sur la terrible mer d'émeraude montant, montant jusque tout en haut du cadre. Ah, la géniale exquisse ! Je te ferais des croquis si ce n'était qu'ayant dessiné et peint depuis trois ou quatre jours avec un modèle — un zouave — je n'en peux plus ; au contraire cela me repose et me distrait d'écrire.

C'est très laid ce que j'ai foutu : un dessin du zouave assis, une esquisse peinte du zouave contre un mur tout blanc, et enfin son portrait contre une porte verte et quelques briques oranges d'un mur. C'est dur et enfin laid et mal foutu. Pourtant, puisque c'est de la vraie difficulté attaquée, ça peut aplanir la route dans l'avenir.

La figure que je fais est presque toujours détestable pour

mes propres yeux, et les yeux des autres à plus forte raison ;
pourtant c'est l'étude de la figure qui fortifie le plus, si on la
fait d'une autre façon qu'on nous l'enseigne chez Monsieur
Benjamin Constant, par exemple.

Ta lettre m'a bien fait plaisir, le *croquis est très, très intéressant*, et je t'en remercie bien. Je t'enverrai de ces jours-ci
un dessin, de mon côté; ce soir je suis trop éreinté, mes yeux
sont fatigués si ma cervelle ne l'est pas.

Dis donc, te rappelles-tu du *Jean-Baptiste*, de Puvis ? Moi,
je trouve cela épatant et aussi magicien qu'Eugène Delacroix.

Le passage que tu as déniché dans l'Evangile concernant
Jean-Baptiste est absolument ce que tu y as vu... Des gens
qui se pressent autour de quelqu'un : « Es-tu le Christ ? Es-tu
Elie ? » Comme serait de nos jours de demander à l'Impressionnisme ou à un de ses représentants chercheurs : « As-tu
trouvé ? ». C'est bien ça.

Mon frère a dans ce moment une exposition de Claude
Monet — dix tableaux, faits de février à mai, à Antibes — c'est
fort beau, paraît-il.

As-tu lu jamais la vie de Luther ? Car Cranach, Dürer,
Holbein, lui appartiennent. C'est lui — sa personnalité, —
qui est la haute lumière du Moyen-Age.

Moi, je n'aime pas plus que toi le Roi-Soleil — éteignoir, il
me semble, plutôt ce Louis XIV (*) — mon Dieu, quel emmer-
deur *en tout*, cet espèce de Salomon méthodiste. Je n'aime pas
non plus Salomon et aussi pas du tout les méthodistes —
Salomon me semble un païen hypocrite, je n'ai vraiment pas
de respect pour son architecture, imitation d'autres styles et
pas du tout pour ses écrits, car les païens ont mieux fait.

Dis-moi un peu où tu en es pour ce qui regarde ton service

« Luther, *la plus grande lumière du Moyen-Age,* Louis XIV, *éteignoir* », autant d'idées
que je ne partage pas, malgré ma grande amitié pour Vincent   (*Note d'E. Bernard*).

15

militaire. Faut-il, oui ou non, parler à ce sous-lieutenant zouave? Va-tu en Afrique ou pas? Surtout cherche à te faire du sang ; avec l'anémie on n'avance guère, la peinture va lentement ; faudrait tâcher de te faire un tempérament dur à cuire, tempérament à vivre vieux, faudrait vivre comme un moine qui va au b... une fois par quinzaine — cela je le fais, c'est pas très poétique, mais enfin je sens que mon devoir est de subordonner ma vie à la peinture.

Si j'étais au Louvre avec toi, je voudrais bien voir les primitifs en ta société.

Au Louvre, moi je vais toujours, encore, avec grand amour aux Hollandais, Rembrandt en tête. Rembrandt que j'ai tant étudié autrefois — puis Potter, par exemple, qui vous fait sur un panneau de quatre ou de six, un étalon blanc seul dans une prairie — un étalon qui hennit et bande — désolé sous un ciel gros d'orage, navré dans l'immensité vert-tendre d'une prairie humide. Enfin il y a des merveilles dans les vieux hollandais n'ayant aucun rapport avec n'importe quoi.

Poignée de main, et encore une fois merci de ta lettre et de ton croquis.

P.-S. — Les sonnets vont bien, c'est-à-dire : la couleur en est belle, le dessin est moins fort. plutôt moins sûr, le dessin en hésite encore — je ne sais pas comment dire — le but moral n'en est pas clair.

LETTRE XII

Mon cher Bernard,

Je ne sais ce que j'ai fourré dans ma lettre d'hier à la place
du feuillet ci-inclus, ayant rapport à ton sonnet. Le cas est
que je suis si éreinté par le travail, que le soir, quoique cela
me repose d'écrire, je suis comme une machine détraquée,
tellement la journée en plein soleil m'a fatigué d'un autre côté.
Et c'est pourquoi j'ai fourré dans ma lettre un autre feuillet à
la place de celui-ci.

En relisant le feuillet d'hier, ma foi je te l'envoie tel quel,
pour moi il me semble lisible, et donc je te l'envoie.

Aujourd'hui encore, journée rude de travail.

Si tu voyais mes toiles, qu'en dirais-tu ? Tu n'y trouverais pas
le coup de brosse presque timide et consciencieux de Cézanne.

Mais puisqu'actuellement je peins la même campagne de la
Crau (Camargue) — quoiqu'à un endroit un peu divergent —
toutefois il pourrait y demeurer certains rapports de couleur.
Qu'en sais-je. Involontairement, j'ai de temps en temps pensé
à Cézanne justement quand je me suis rendu compte de sa
touche si malhabile dans certaines études — passe-moi le mot
malhabile — ; vu qu'il a exécuté les dites études probablement
lorsque le mistral soufflait. Ayant affaire à la même difficulté,
la moitié du temps, je m'explique la raison pourquoi la touche
de Cézanne est tantôt très sûre et tantôt paraît maladroite.
C'est son chevalet qui branle.

J'ai quelquefois travaillé excessivement vite. Est-ce un
défaut ? Je n'y peux rien.

Ainsi une toile de trente, le *Soir d'Eté*, je l'ai peinte en une
seule séance.

Y revenir, pas possible ; la détruire ? pourquoi ! Puisque je
suis sorti dehors, en plein mistral, exprès pour faire cela.

N'est-ce pas plutôt l'intensité de la pensée que le calme de
la touche que nous recherchons ; et dans la circonstance donnée
de travail primesautier, sur place et sur nature, la touche calme
et bien réglée est-elle toujours possible ? Ma foi, il me semble,
pas plus que l'escrime à l'assaut.

J'ai envoyé ton dessin à mon frère et j'ai sollicité de te faire
un achat.

Si mon frère peut, il le fera, car il sait bien que je dois avoir
le désir de te faire vendre quelque chose.

Ce serait en réponse à ton essai de bordel. Si à nous deux
nous exécutions un bordel, je suis sûr que, comme caractère,
nous y emploierions l'étude du zouave. Ah ! si plusieurs peintres étaient d'accord pour collaborer à de grandes choses !

L'art de l'avenir pourrait nous montrer des exemples de
cela. Les tableaux *nécessaires* maintenant, c'est qu'il faudrait
être à plusieurs pour en supporter les difficultés matérielles.

Enfin, hélas ! nous n'en sommes pas là ; l'art de la peinture
ne va pas aussi vite que la littérature.

Je t'écris cette fois-ci — ainsi qu'hier — bien à la hâte, bien
éreinté, et à ce moment aussi, je ne suis pas capable de dessiner, la matinée dans les champs m'a complètement fatigué
dans cette capacité là.

C'est que ça fatigue le soleil d'ici ! Je suis de même entièrement incapable de juger mon propre travail. Je ne puis pas
voir si les études sont bonnes ou mauvaises. J'ai sept études
des blés, malheureusement toutes bien contre mon gré, rien
que des paysages, des paysages jaune-vieil or, faits vite, vite,
vite et pressé comme le moissonneur qui se tait sous le soleil
ardent, se concentrant pour en abattre.

Je me dis que tu dois, peut-être, être surpris de voir combien peu moi j'aime la Bible, laquelle pourtant j'ai souvent cherché à étudier un peu. Il n'y a que ce noyau le Christ qui, au point de vue de l'art, me semble supérieur, dans tous les cas autre chose que l'antiquité grecque, indienne, égyptienne, persane ; lesquelles ont été si loin. Or, je le répète, ce Christ est plus artiste que les artistes, il travaille en esprit et chair vivants, il fait des hommes au lieu de statues. Alors... je me sens bien être bœuf — étant peintre — et j'admire le taureau, l'aigle, l'homme (*) avec une vénération qui m'empêchera d'être un ambitieux.

Poignée de main.

P.-S. — J'ajoute pour ces sonnets explication de ce que j'entends par : *le dessin n'en est pas bien sûr de soi.*

Tu fais de la morale à la fin.

Tu dis à la Société qu'elle est infâme parce que la putain nous fait penser à la viande à la halle.

Très bien cela, la putain est comme la viande chez le charcutier. Moi abruti, je comprends, je sens cela, je retrouve une sensation de ma vie à moi, je dis : c'est bien parlé ; car le rhythme sonore des mots colorés m'évoque la réalité brutale du bouge avec une grande intensité, mais les reproches adressés à la fin à la Société, *pour moi abruti*, mot creux comme « le Bon Dieu », ne me font plus d'effet.

Ça n'y est pas — dis-je — et je retombe dans mon abrutissement, j'oublie la poésie, forte assez d'abord pour dissiper mon hébétude.

Est-ce vrai ou non.

(*) Allusion aux symboles des trois autres évangélistes. Il eut fallu dire le *lion* au lieu du *taureau*, le bœuf étant déjà cité pour Saint Luc, patron des peintres, auquel Vincent se voue. (*Note d'E. Bernard*).

Constater des faits, comme tu commences à le faire, c'est donner des coups de bistouri de chirurgien qui explique une anatomie.

J'écoute, recueilli et intéressé, je regarde ; mais si après le chirurgien anatomiste va me faire de la morale comme ça, je trouve que sa dernière tirade n'a pas la même valeur que sa démonstration.

Etudier, analyser la Société, cela dit toujours plus que moraliser.

Rien ne me semblerait plus curieux que de dire par exemple : Voilà cette viande de la Halle ; remarquez combien tout de même, malgré tout, elle reste électrisable momentanément par le stimulus d'un amour plus raffiné et inattendu. Ainsi que la chenille repue qui ne mange plus, qui rampe sur un mur au lieu de ramper sur une feuille de choux, cette femelle repue ne peut plus aimer quand bien même elle s'y mettrait. Elle cherche, cherche, cherche ; sait-elle elle-même quoi ? Elle est consciente, vivante, sensible, galvanisée, rajeunie momentanément, mais impuissante.

Elle aime encore pourtant, donc elle vit, *pas à tortiller*, malgré qu'elle soit finie et mourante en tant que bête terrestre. Ce papillon où éclot-il ? Ce papillon de cette chenille repue, ce hanneton de ce ver blanc ?

Voilà, d'ailleurs, où j'en suis en tant qu'études de vieilles putains. Je voudrais bien aussi approximativement savoir de quoi moi-même je suis peut-être la larve.

LETTRE XIII

Mon cher copain Bernard,

Je viens de t'envoyer aujourd'hui encore neuf croquis, d'après
des études peintes. De cette façon, tu verras des motifs de cette
nature qui inspire le père Cézanne ; car la Crau, près d'Aix,
c'est à peu près la même chose que les environs de Tarascon
et la Crau d'ici. La Camargue est encore plus simple, car souvent il n'y a plus rien, plus rien que de la mauvaise terre avec
des buissons de tamarins et des herbes dures qui sont à ces
maigres pâturages ce que l'alfa est au désert.

Sachant combien tu aimes Cézanne, j'ai pensé que ces croquis de Provence pourraient te faire plaisir ; non pas qu'il y
ait des similitudes entre un dessin de moi et de Cézanne. Oh
cela, pas plus qu'entre Monticelli et moi ! mais moi aussi
j'aime bien le pays qu'ils ont aimé tant et pour les mêmes
raisons de couleur, de dessin logique.

Mon cher copain Bernard, par *collaboration,* je n'ai pas
voulu dire que selon moi deux ou plusieurs peintres devraient
travailler aux mêmes tableaux. J'ai plutôt voulu entendre par
là des œuvres divergentes, mais qui se tiennent et se complètent. Voyons ! et les primitifs italiens, et les primitfs allemands,
et l'école hollandaise et les italiens proprement dits, enfin,
voyons, toute la peinture !

Or, actuellement, les impressionnistes aussi forment groupe,
malgré toutes leurs désastreuses guerres civiles dans lesquelles
de part et d'autre on cherche à se manger le nez avec un zèle
digne d'une meilleure destination et but final.

Dans notre école du nord il y a Rembrandt, chef d'école,

puisque son influence se fait sentir à quiconque l'approche. Nous voyons, par exemple, Paul Potter peindre les animaux en rut et passionnés dans des paysages également passionnés, sous l'orage, sous le soleil, dans la mélancolie de l'automne, alors qu'avant de connaître Rembrandt, ce même Paul Potter était assez sec et méticuleux.

Voilà des gens qui se tiennent comme des frères : le Rembrandt et le Potter ; et si, probablement, jamais Rembrandt n'a touché de sa brosse un tableau de Potter, n'empêche que Potter et Ruysdaël lui doivent ce qu'ils ont de meilleur, ce quelque chose qui nous navre lorsque nous savons regarder un coin de l'antique Hollande à travers leur tempérament.

Il y a ensuite que les difficultés matérielles de la vie du peintre rendent la collaboration, l'union des peintres désirable (tout autant qu'à l'époque des corporations Saint-Luc). En sauvegardant la vie matérielle, en s'aimant comme des copains au lieu de se manger le nez, les peintres seraient plus heureux et en tous les cas moins ridicules, moins sots et moins coupables.

Toutefois je n'insiste point. Sachant que la vie nous emporte si vite que nous n'avons pas le temps de discuter et d'agir à la fois. Raison, pourquoi actuellement l'union n'existant que très incomplètement nous naviguons sur la haute mer dans nos petites et méchantes barques, isolés sur les grandes vagues de notre temps.

Est-ce une renaissance ? est-ce une décadence ? Nous ne saurions en être les juges, étant trop près pour ne pas être induits en erreur par les déformations de la perspective. Les évènements contemporains prenant pour notre œil des proportions exagérées probablement en tant que quant à nos malheurs et nos mérites.

Je te serre bien la main et espère bientôt avoir de tes nouvelles.

LETTRE XIV

Mon cher copain Bernard,

J'écris un mot pour bien te remercier de tes dessins, je les trouve un peu trop faits à la hâte, et j'aime le mieux tes deux dessins des putains ; d'ailleurs il y a une idée dans tous. Je suis surchargé de travail ces jours-ci car le temps est bien beau, et il faut profiter des beaux jours, qui sont courts.

Je ne peux pas me dédire du prix que je t'ai nommé, trois francs, rien que pour la nourriture, en plus ce qu'il y aurait... Mais tout ce que te dit Gauguin sur les prix d'ici, je ne doute pas que cela soit juste. Je te vois près de ton départ pour faire ton service et désirerais pouvoir décider ton père à te fournir de quoi bien te fortifier avant, sans que ton travail en souffre. Qu'il se fende enfin, jusqu'à te donner, pendant cet intervalle d'ici et ton service, tout ce qui est juste.

Je n'ai cessé de t'écrire toujours cette même chose que si tu vas en Afrique tu y travailleras et verras juste la nature qu'il faut voir pour développer dans toute son étendue ton talent de peintre et de coloriste. Mais cela ne peut se faire qu'au détriment de ta pauvre carcasse, si ton père ne te met pas en mesure d'éviter de devenir anémique ou d'attraper de la dyssenterie débilitante par manque d'une nourriture fortifiante, avant cette épreuve africaine.

Se faire des forces là-bas n'est guère possible, et si on va dans un climat chaud, je suis loin de dire qu'il faille s'engraisser avant, mais je dis qu'il faut soigner sa nourriture quelque temps d'avance ; et je ne sors pas de là, m'étant trouvé bien

16

ici de ce régime, car la chaleur en Afrique est encore autre chose que celle d'Arles.

Tu sortiras de cette épreuve de ton service beaucoup plus fort et fort assez pour toute une carrière d'artiste — ou cassé.

Quoiqu'il en soit, j'aimerais énormément que tu viennes et si Gauguin vient aussi, il ne nous restera seulement à regretter que ce soit l'hiver et non la belle saison. De plus en plus, je commence à croire que la cuisine a quelque chose à faire avec notre faculté de penser et de faire des tableaux, moi, pour un, cela ne contribue pas à la réussite de mon travail si mon estomac me gêne. Enfin, je crois que si ton père veut tranquillement garder tes tableaux et te faire un crédit un peu généreux, au bout de compte il y perdra moins qu'en faisant autrement. Dans le midi, les sens s'exaltent, la main devient plus agile, l'œil plus vif, le cerveau plus clair, à une condition pourtant ; c'est que la dyssenterie ou autre chose ne vous gâte pas tout cela en vous débilitant trop.

Là-dessus, j'ose bien me fonder pour croire que celui qui aime le travail artistique verra dans le midi ses capacités productrices se développer ; mais gare au sang et gare à tout le reste.

Et maintenant tu vas peut-être me dire que je t'emmerde bien avec tout cela. Que tu veux aller ou bon te semble et que tu te fous de tout le reste. Ma foi cela dépend, mais je ne peux pas parler autrement que comme cela. L'art est long et la vie est courte, et il nous faut patienter en cherchant à vendre cher notre peau. Je voudrais bien, moi, avoir ton âge et partir, avec ce que je saurais, faire mon service en Afrique ; mais, par exemple, je me ferais un meilleur corps que celui que j'ai.

Si Gauguin et moi sommes ici, comme il est probable, ensemble, alors, certes, nous ferons tout notre possible pour t'éviter des dépenses, mais, de son côté, ton père devrait bien faire son possible aussi et avoir confiance en nous et croire

que nous ne cherchons pas à lui tirer des carottes inutiles.
Pour faire du bon travail, il faut bien manger, être bien logé,
tirer son coup de temps en temps, fumer sa pipe et boire son
café en paix.

Je ne dis pas que le reste, ne vaut rien, je laisse à chacun
sa liberté de faire comme il l'entend ; mais je dis que ce système me semble préférable à bien d'autres.

Bonne poignée de main.

LETTRE XV

Mon cher copain Bernard,

Cette fois-ci tu mérites de plus grands compliments pour le petit croquis des deux bretonnes dans ta lettre, que pour les six autres, puisque le petit croquis a un grand style. Je suis, moi, en retard pour les croquis étant de ces jours superbes-ci absolument absorbé par des toiles de trente carrées qui m'éreintent considérablement et doivent me servir à décorer la maison.

Tu auras reçu ma lettre expliquant les raisons graves pour te recommander de chercher à persuader ton père de te donner — en cas qu'il te paie ton voyage à Arles — un peu plus de liberté en tant que quant à la bourse.

Je crois que tu le rembourserais par ton travail et ainsi tu resterais plus longtemps avec Gauguin et, partant pour faire ton service, tu partirais pour une bonne campagne artistique. Si ton père avait un fils chercheur et trouveur d'or brut dans les cailloux et sur le trottoir, certainement ton père ne dédaignerait pas ce talent. Or, tu possèdes, selon moi, absolument l'équivalent de cela.

Ton père, tout en pouvant regretter que ce ne soit pas de l'or tout neuf et brillant, monnayé en louis, se proposerait de faire une collection de tes trouvailles et de ne les céder que pour un prix raisonnable.

Qu'il fasse la même chose pour tes tableaux et dessins qui sont dans le commerce aussi rares et aussi valables que des pierres ou du métal rares.

Cela c'est absolument vrai.

Un tableau est aussi difficile à faire qu'un diamant gros ou petit à trouver.

Maintenant, si tout le monde reconnaît la valeur d'un louis d'or ou d'une perle fine, malheureusement ceux qui font cas des tableaux et qui y croient sont rares. Mais ils existent, cependant.

Et il n'y a, dans tous les cas, rien de mieux à faire que d'attendre sans s'impatienter, dût-on attendre fort longtemps.

De ton côté, réfléchis un peu sur ce que je te dis sur le prix de la vie d'ici et si tu aurais une forte envie de venir à Arles avec Gauguin et moi. Dis bien à ton père qu'avec un peu plus d'argent tu ferais de bien meilleurs tableaux.

L'idée de faire une sorte de Franc-Maçonnerie des peintres ne me plaît pas énormément. Je méprise profondément les règlements, les institutions, etc., enfin je cherche autre chose que les dogmes qui, bien loin de régler les choses, ne font que causer des disputes sans fin. C'est signe de décadence. Or, une union des peintres n'existant pas encore — qu'à l'état d'esquisse vague mais fort large — laissons donc tranquillement arriver ce qui doit arriver.

Ce sera plus beau si cela se cristallise naturellement, plus on en cause moins cela se fait. Si tu veux aider à cela, tu n'as qu'à continuer avec Gauguin et moi. Cela est en train, n'en parlons plus. Si cela doit venir cela se fera sans grands pourparlers mais par des actions tranquilles et réfléchies.

Pour les échanges, c'est bien justement parce que j'ai souvent dans les lettres eu occasion d'entendre parler de Laval, Moret et l'autre jeune, que j'ai grand désir de les connaître. Mais je n'ai pas cinq études sèches, faudra que j'ajoute au moins deux essais de tableaux un peu plus graves : un portrait de moi et un paysage en colère de mistral méchant.

Puis j'aurais une étude de petit jardin de fleurs multicolores, une étude de chardons gris et poussiéreux et finalement une nature morte de vieux souliers de paysan, enfin un petit paysage de rien du tout où il n'y a qu'un peu d'étendue. Si maintenant ces études ne plaisaient pas, que l'un ou l'autre préférerait s'abstenir, il n'y a qu'à garder celles dont on voudra et retourner avec les échanges celles dont on ne voudra pas. Rien ne nous presse, et dans des échanges il vaut mieux de part et d'autre chercher à donner du bon.

J'ajouterai, en cas qu'exposé demain au soleil il devienne sec assez pour le rouler, un paysage de *Déchargeurs de sable*, également un projet et essai de tableau où il y a une plus mûre volonté.

Je ne peux pas envoyer encore une répétition du *Café de nuit*, puisqu'elle n'est même pas commencée, mais je veux très volontiers te la faire pour toi.

Encore une fois il vaut mieux de part et d'autre chercher à échanger de bonnes choses plutôt que de les faire trop à la hâte.

Le monsieur artistique qui était dans la lettre (*) qui me ressemble, cela est-il moi ou un autre? cela a bien l'air d'être moi en tant que quant au visage, mais d'abord, moi je fume toujours des pipes et ensuite moi j'ai toujours en horreur innomable de m'asseoir comme cela sur des rochers à pic au bord de la mer, ayant le vertige. Je proteste donc, si cela doit être mon portrait, contre les invraisemblances ci-dessus mentionnées.

La décoration de la maison m'absorbe terriblement, j'ose croire que ce serait assez de ton goût, quoique ce soit, certes, très différent de ce que tu fais. Mais ainsi tu m'as parlé dans le temps de tableaux qui représenteraient l'un les *Fleurs*, l'autre les *Arbres*, l'autre les *Champs*. Eh bien, j'ai moi, le *Jardin du Poète* (deux toiles). Dans les croquis tu en as la

(*) Allusion à une caricature de Gauguin qui représentait Vincent assis sur la pointe d'un rocher, en train de dessiner le soleil.

première idée d'après une étude peinte, plus petite, qui est déjà chez mon frère. Puis la *Nuit étoilée*, puis la *Vigne*, puis les *Sillons*, puis la vue de la maison pourrait s'appeler la *Rue*. Aussi, involontairement, il y a une certaine suite.

Eh bien, je serais fort curieux de voir tes études de Pont-Aven. Mais, pour toi, donne-moi une chose un peu travaillée. Enfin, cela s'arrangera toujours, car j'aime tant ton talent que je voudrais bien, peu à peu, faire une petite collection de tes œuvres.

J'ai depuis longtemps été touché de ce que les artistes Japonais ont pratiqué très souvent l'échange entre eux. Cela prouve bien qu'ils s'aimaient et se tenaient, et qu'il régnait une certaine harmonie entre eux ; qu'ils vivaient justement dans une sorte de vie fraternelle, naturellement, et non pas dans les intrigues. Plus nous leur ressemblerons sous ce respect-là, mieux l'on s'en trouvera. Il paraît aussi que les japonais gagnaient très peu d'argent et vivaient comme de simples ouvriers. J'ai la reproduction (collection Bing) *Un seul brin d'herbe*. Quel exemple de *conscience!* Tu le verras un jour. Je te serre bien la main.

LETTRE XVI

Mon cher copain Bernard,

Merci de ta lettre ; mais ce qui m'étonne un peu, c'est de t'entendre dire : « Oh, pour faire le portrait de Gauguin, pas moyen ! » Pourquoi, pas moyen ? Bêtises, tout cela. Mais je n'insiste pas et ainsi catégoriquement nous ne parlerons plus de cet échange. Alors, même pour lui, de son côté, Gauguin n'a même pas songé à faire le tien. Voilà des portraitistes ; cela vit si longtemps à côté l'un de l'autre et cela ne s'entend pas pour poser l'un pour l'autre et cela se séparera sans s'être mutuellement portraituré. Bon ! je n'insiste pas. Et, je le répète, il n'est plus question de l'échange.

J'espère bien un jour, alors, faire ton portrait et celui de Gauguin moi-même, la première fois que nous tomberons ensemble, ce qui ne peut manquer d'arriver.

De ces jours-ci je vais faire le portrait de ce sous-lieutenant de zouaves dont je t'ai parlé, qui va maintenant partir pour l'Afrique.

Pourquoi ne m'as-tu point répondu quant à tes projets au sujet de ton service militaire ?

Maintenant, parlons un peu de ce que tu dis, que tu songes à venir passer l'hiver à Arles. Moi, je me suis installé ici exprès d'une façon à pouvoir caser quelqu'un en cas de besoin. Si Gauguin venait, pourtant ! Il ne s'est pas catégoriquement dédit encore ; mais même si je pouvais te loger, je ne vois pas que tu puisse bien te nourrir ici à moins de trois francs par jour, et j'aimerais mieux dire quatre francs.

Naturellement, nous pourrions faire — en cas de dèche — bien des repas à bon marché à l'atelier; certes, on peut économiser de cette façon, tout de même. La vie ici — je te le dis — revient un peu plus cher qu'à Pont-Aven. Je crois que tu paies, n'est-ce pas, deux francs cinquante par jour seulement, et cela pour le tout, logement compris.

Et si ce qui te tente le plus, faire de la peinture dans les bordels — ce qui, certes, est excellent — ne pouvait pourtant pas se faire à l'œil !

Attends donc pour cela jusqu'à ce que tu aies ton uniforme, les soldats y peuvent là dedans — ici et ailleurs — un tas de choses à l'œil.

Moi, par exemple, il est vrai que je viens de faire cette étude du *Café de nuit*; mais cela, quoique ce soit une maison de passe et que de temps à autre on y voie une putain attablée avec son type, moi, dis-je, je n'ai pas encore pu faire un bordel proprement dit, justement à cause de ce que cela me coûterait plus d'argent que je n'en ai nécessairement pour le faire un peu bien et sérieusement. Je m'abstiens de le commencer avant que je me sente assez solide quant au porte-monnaie pour pouvoir le mener à bonne fin, ce tableau. Maintenant, je ne dis pas que nous n'irons pas prendre des bocks là-dedans; nous y ferons des connaissances, nous travaillerons moitié d'imagination, moitié avec un modèle. Et, si nous voulions, je ne dis pas que cela ne soit pas possible de le faire; mais moi, pour un, maintenant je ne suis *pressé pour rien*.

Les projets, cela rate si souvent et les meilleurs calculs qu'on fait, tandis qu'en profitant des hasards et en travaillant au jour le jour, sans parti-pris, on fait un tas de choses imprévues.

Je ne peux donc aucunement t'engager à venir ici dans le but exprès — sans aucun doute excellent — de faire des bordels. Je te le répète, une fois soldat, tu auras une occasion

17

splendide pour cela, et dans ton propre intérêt tu ferais peut-
être bien d'attendre que tu aies ton uniforme. Mais, mon
cher copain Bernard, je veux être bien clair et net à te dire :
viens donc passer ton temps en Afrique. Le Midi t'enchantera
et te fera grand artiste. Gauguin lui-même doit sa supériorité
au Midi. Moi, je regarde le soleil plus fort d'ici depuis des
mois et des mois maintenant, et le résultat est que ce qui reste
surtout debout, cette expérience faite, au point de vue de la
couleur, c'est Delacroix et Monticelli ; ces peintres, qu'actuellement on dit à tort être des romantiques purs, des gens d'imagination exagérée. Enfin, vois-tu, le Midi, qui a été fait si
séchement par Gérôme et Fromentin, à partir d'ici est déjà
essentiellement un pays dont on ne saurait interpréter le
charme intime que par la couleur de coloriste.

J'espère que tu m'écriras à nouveau bientôt.

Je n'ose prendre sur moi d'engager qui que ce soit à venir ici.
Si quelqu'un vient de son propre mouvement, c'est, ma foi, son
affaire ; mais pour recommander la chose, jamais je ne le ferai.
Pour moi, je reste ici, et naturellement cela me ferait plaisir
que tu passes l'hiver ici. Poignée de main.

LETTRE XVII

Presque simultanément avec le départ de mes études l'envoi de Gauguin et de toi est arrivé. Je me suis fait bien du bon sang, cela m'a bien réchauffé le cœur de revoir les deux visages. Pour ton portrait, tu sais, je l'aime beaucoup. J'aime bien tout ce que tu fais, d'ailleurs, comme tu le sais, et peut-être personne n'a *autant* aimé ce que tu fais que moi, *avant* moi.

Je t'engage fortement d'étudier le portrait, faites-en le plus possible et ne lâchez pas. Il nous faudra dans la suite prendre le public par le portrait, l'avenir, selon moi, est là dedans. Mais ne déraillons pas dans les hypothèses maintenant.

Puisque nous en sommes à te remercier, merci ensuite du recueil de pochades intitulé : *Au B...* Bravo! La femme qui se lave et celle qui dit : « Il n'y en a pas deux comme moi pour t... un homme », à ce qui me paraît sont les meilleures; les autres grimacent trop et surtout sont trop flous, trop peu en chair, pas suffisamment bâties. C'est égal, c'est déjà du tout neuf et de l'intéressant que le reste aussi. Au b...! oui, c'est ça qu'il faut faire, et je t'assure que moi pour un, je t'envie presque cette rude chance que tu as d'entrer là dedans en uniforme; ce dont ces bonnes petites femmes raffollent.

La poésie, à la fin, est réellement belle, se tient mieux sur ses jambes que certaines des figures. Ce que tu veux et ce que tu dis croire, tu le dis bien, et avec sonorité.

Écris-moi quand tu seras à Paris. Il y a que je t'ai déjà

écrit mille fois que mon *café de nuit* n'est pas un b...; c'est
un café où les rôdeurs de nuit cessent d'être des rôdeurs de
nuit, puisque, avachis sur les tables, ils passent là toute la nuit
sans rôder du tout. Par hasard une p... amène son type.
Mais, y venant une nuit, j'ai surpris un petit groupe d'un
m... et d'une p... qui se raccommodaient après une brouille.
La femme faisait l'indifférente et la superbe, l'homme était
calin. Je m'étais mis à peindre de tête, pour toi, sur une
petite toile de 4 ou de 6. Or, si tu pars vite, je te l'enverrai
à Paris; si tu restes encore, dis-le, je te l'enverrai à Pont-Aven;
ce n'était pas assez sec pour être joint à l'envoi. Je ne veux pas
signer cette étude, car je ne travaille jamais de tête. Il y aura de
la couleur qui t'ira, mais encore une fois, je fais là pour toi
une étude que je préférerais ne pas faire.

Une toile importante — *un Christ avec l'ange au Getsemani*
— une autre représentant *le poète* avec un ciel étoilé, malgré
la couleur, qui était juste, je les ai, sans miséricorde, détruites,
parce que la forme n'en était pas étudiée préalablement sur le
modèle, nécessaire dans ces cas-là. L'étude que je t'envoie en
échange, si elle ne te va pas, tu n'as qu'à la regarder un peu
plus longtemps. J'ai eu un mal du diable pour la faire avec un
mistral agaçant (comme l'étude en rouge et vert aussi). Eh bien,
malgré qu'elle ne soit pas aussi couramment peinte que le
Vieux Moulin, elle est plus fine et plus intime. Tu vois que
tout cela n'est pas du tout impressionniste; ma foi, tant pis.
Je fais ce que je fais avec un abandon à la nature, sans songer
à ceci ou à cela. Va sans dire que si tu préférais dans l'envoi
une autre étude aux *Déchargeurs de sable*, tu pourras la
prendre et effacer ma dédicace, si un autre en veut. Mais je
crois que celle-là t'ira une fois que tu l'auras regardée un peu
plus longtemps.

Si Laval, Moret et l'autre (*) veulent bien me faire des

(*) Ernest Chamaillard.

échanges, parfait ! Mais surtout je serais satisfait de mon côté
s'ils voulaient me faire leurs portraits.

Tu sais, Bernard, il me semble toujours que si je veux faire
des études de b... il me faudrait plus d'argent que je n'en ai,
je ne suis pas jeune et non plus chair à femme assez pour
qu'elles posent pour moi à l'œil. Et je ne peux pas travailler
sans modèle. Je ne dis pas que je ne tourne carrément le dos à
la nature pour transformer une étude en tableau, en arran-
geant la couleur, en agrandissant, en simplifiant ; mais j'ai tant
peur de m'écarter du possible et du juste en tant que quant
à la forme.

Plus tard, après encore dix ans d'études, je ne dis pas ; mais
vrai de vrai, j'ai tant de curiosité du possible et du réellement
existant, que j'ai peu le désir et le courage de chercher l'idéal
en tant que pouvant résulter de mes études abstraites.

D'autres peuvent avoir pour les études abstraites plus de
lucidité que moi, et certes tu pourrais être du nombre ainsi
que Gauguin... et peut-être moi-même, quand je serai vieux.

Mais en attendant je mange toujours de la nature. J'exagère,
je change parfois au motif ; mais enfin je n'invente pas le tout
du tableau, je le trouve au contraire tout fait, mais à démêler
dans la nature.

Probablement tu trouveras laides ces études. Je ne sais.
Dans tous les cas que ni toi, ni moi, ni personne ne fasse
d'échange à contre cœur. Mon frère écrit qu'Anquetin est de
retour à Paris, je suis curieux de savoir ce qu'il a fait. Lorsque
tu le verras, tu lui diras bien des choses de ma part.

La maison va me sembler plus habitée maintenant que j'y
verrai les portraits. Que je serais content de t'y voir toi-même
cet hiver ! Il est vrai que le voyage coûte un peu cher. Pourtant
ne peut-on pas risquer ces frais-là en se vengeant sur le travail ?
L'hiver, dans le Nord, le travail est si difficile ! Peut-être
sera-ce ainsi ici, je n'en ai encore guère l'expérience et ce sera

à voir ; mais c'est bougrement utile de voir le Midi, où la vie se passe davantage en plein air, pour mieux comprendre les Japonais.

Puis, le *je ne sais quoi* d'altier et de noble qu'ont de certains sites d'ici ferait bien ton affaire.

Dans le *Coucher de soleil rouge*, le soleil doit être supposé plus haut, hors du tableau, mettons juste à la hauteur du cadre. Une heure ou une heure et demie avant son coucher, les choses à terre gardent leur couleur encore, ainsi. Plus tard, le bleu et le violet les colorent davantage en noir, dès que le soleil envoie des rayons plus horizontaux. Merci encore une fois de ton envoi qui m'a bien réchauffé le cœur, et bonne poignée de main en pensée. Écris-moi le jour de ton départ pour que je sache quand tu seras à Paris ; adresse à Paris, toujours, avenue Beaulieu, 5, n'est-ce pas ? Tout à toi.

LETTRE XVIII

Mon cher copain Bernard,

Peut-être seras-tu enclin à m'excuser de n'avoir pas inconti-
nent répondu à ta lettre voyant qu'à celle-ci je joins un petit
envoi de croquis.

Dans le croquis « *Le Jardin* », il y a peut-être quelque
chose comme

Des tapis velus
De fleurs et verdures tissus

Enfin, en tous cas, à tes citations j'ai voulu répondre avec la
plume, mais pas en écrivant des paroles. Aujourd'hui aussi j'ai
peu la tête à la discussion, je suis dans le travail jusque par
dessus les oreilles.

Ai fait de grands dessins à la plume. Deux : une immense
campagne plate — vue à vol d'oiseau du haut d'une colline —
des vignes, des champs de blé moissonnés. Tout cela multiplié
à l'infini, détalant comme la surface d'une mer vers l'horizon
borné par les monticules de la Crau.

Ça n'a pas l'air japonais, et c'est la chose la plus japonaise
réellement que j'aie faite ; un personnage microscopique de
laboureur, un petit train qui passe dans les blés ; voilà toute la
vie qu'il y a là-dedans.

Ecoutez : j'ai parlé les premiers jours de mon arrivée à cet
endroit là avec un ami peintre : « *Voilà ce qui serait embê-*
tant à faire », dit-il. Moi, je ne dis rien ; mais je trouvais cela
tellement épatant, que je n'avais pas même la force d'engueuler
cet idiot. J'y reviens, reviens, reviens encore. Bon ! J'ai fait

deux dessins de ça — de ce paysage plat où il n'y avait *rien*
que... l'infini..., l'éternité.

Bon ! Survient, pendant que je dessine, un coco qui n'est pas
peintre, mais soldat. Je lui dis : « *Est-ce que ça t'épates, que
moi je trouve cela aussi beau que la mer ?* ».

Or, il connaissait la mer, lui.

« *Non, ça ne m'épate pas* — dit-il — *que tu trouves cela
aussi beau que la mer ; mais moi je trouve cela même plus
beau que l'océan ; puisque c'est HABITÉ* ».

Qui était le plus artiste des spectateurs, le premier ou le
deuxième, le peintre ou le soldat ? Moi, je préfère l'œil de ce
soldat, n'est-ce pas vrai ?

Maintenant c'est à moi à te dire : réponds-moi vite, cette
fois-ci par retour du courrier — pour me répondre si tu con-
sens à me faire des croquis de tes études bretonnes. *J'ai un
envoi qui va partir* et, avant que cela décampe, je veux encore te faire au moins une nouvelle demi-douzaine de motifs
croquis à la plume.

Doutant peu de ce que tu le feras pour les tiens, je me mets
d'ailleurs au travail de mon côté, sans savoir même si tu veux
faire cela. Maintenant ces croquis je les enverrai à mon frère
pour l'engager à en prendre quelque chose pour notre collection.

Je lui ai déjà écrit à ce sujet, d'ailleurs ; mais nous avons
une affaire en train qui nous laisse sans le sou absolument.

C'est que Gauguin, qui a été bien malade, ira probablement
passer l'hiver prochain avec moi ici, dans le Midi. Et il y a le
voyage qui nous embête. Une fois ici, ma foi, à deux on dépense
moins que seul. Raison de plus pour que je désire avoir des
choses de toi ici. Gauguin une fois ici, à nous deux nous chercherons à faire quelque chose à Marseille et y exposerons probablement. Or, je désirerais avoir des choses de toi aussi,
toutefois sans te faire perdre des chances de vente à Paris. En

tous cas, je ne crois pas t'en faire perdre en t'engageant à faire
un échange de croquis d'études peintes, de part et d'autre ;
et aussitôt que je pourrai nous ferons encore une autre affaire,
mais suis assez gêné maintenant.

Ce dont je suis persuadé, c'est que si nous exposons à Marseille, tôt ou tard, Gauguin comme moi t'engagerons à y parti-
ciper. Thomas a fini par acheter l'étude d'Anquetin : *Le
Paysan*.

Je te serre bien la main, à bientôt.

Tout à toi.

LETTRE XIX

Mon cher Bernard,

Je veux faire de la figure, de la figure et encore de la figure. C'est plus fort que moi cette série de bipèdes, à partir du bébé jusqu'à Socrate, et de la femme noire de chevelure à peau blanche jusqu'à la femme aux cheveux jaunes et le visage couleur de brique, hâlé par le soleil.

En attendant, je fais surtout autre chose.

Merci de ta lettre. Cette fois-ci j'écris bien à la hâte et bien éreinté.

Cela m'a fait grand plaisir que tu aies rejoint Gauguin.

Ah ! j'ai tout de même une nouvelle figure qui est absolument une continuation de certaines études de têtes faites en Hollande. Je te les ai un jour montrées avec un tableau de ce temps-là : *Les Mangeurs de pommes de terre,* je voudrais pouvoir te la montrer. C'est toujours une étude où la couleur joue un tel rôle que le blanc et noir du dessin ne saurait le rendre.

J'ai voulu t'envoyer un dessin très grand et très soigné. Bon ! cela devenait tout autre chose tout en étant correct.

Car, encore une fois, la couleur est suggestive de l'air embrasé de la moisson du plein midi, en pleine canicule, et sans cela c'est un autre tableau.

J'oserai croire que Gauguin et toi le comprendraient ; mais comme ils vont trouver cela laid !

Vous autres, vous savez ce que c'est qu'un paysan, combien cela sent le fauve lorsqu'on trouve quelqu'un de race.

J'ai aussi un : *Déchargeurs d'un bateau de sable,* c'est-à-dire : il y a deux bateaux rose violacé dans une eau vert véronèse avec du sable gris, des brouettes, des planches, un petit bonhomme bleu et jaune.

Tout cela vu d'en haut d'un quai, surplombant le tout à vol d'oiseau. Pas de ciel, ce n'est qu'une esquisse ou plutôt une pochade faite en plein mistral.

Ensuite, je cherche des chardons poussiéreux avec grand essaim de papillons tourbillonnant dessus.

Oh ! le beau soleil d'ici en plein été. Cela tape à la tête et je ne doute aucunement qu'on en devienne toqué. Or, l'étant déjà auparavant, je ne fais qu'en jouir.

J'y songe de décorer mon atelier d'une demi-douzaine de tableaux de *Tournesols,* une décoration où les chrômes crus ou rompus éclateront sur des fonds divers, *bleus* depuis le véronèse le plus pâle jusqu'au *bleu de roi,* encadrés de minces lattes peintes en *mine orange.*

Des espèces d'effets de vitraux d'église gothique.

Ah ! mes chers copains, nous autres toqués jouissons-nous tout de même de l'œil, n'est-ce pas !

Hélas, la nature se paye sur la bête et nos corps sont méprisables et une lourde charge parfois. Mais, depuis Giotto, souffreteux personnage, il en est ainsi.

Ah ! et tout même quelle jouissance de l'œil, et quel rire que le rire édenté du vieux lion Rembrandt, la tête coiffée d'un linge, la palette à la main !

Que j'aimerais à pouvoir passer ces jours-ci à Pont-Aven ; mais enfin je m'en console en contemplant des tournesols.

Je te serre bien la main, à bientôt.

1889

LETTRE XX (*)

Mon cher ami Bernard,

L'autre jour mon frère m'a écrit que vous viendriez voir mes toiles. Je sais donc que vous êtes de retour et cela me fait bien plaisir que vous ayez pensé à aller voir ce que j'ai fait.

De mon côté je suis extrêmement curieux de savoir ce que vous avez rapporté de Pont-Aven.

Je n'ai guère la tête à la correspondance, mais je sens un grand vide de ne plus être au courant de tout ce que Gauguin, vous et d'autres font.

Mais faut bien que je prenne patience.

J'ai encore une douzaine d'études ici, qui seront probablement plus de ton goût que celles de cet été que mon frère vous aura montrées.

Il y a parmi ces études une entrée de carrière : des rochers lilas pâle dans des terrains rougeâtres, comme dans de certains dessins japonais. Comme dessin et division de la couleur par grands plans, cela a pas mal de rapport avec ce que vous faites à Pont-Aven.

J'ai été plus maître de moi dans ces dernières études parce-

<hr>

(*) Lettre écrite de la maison de Saint-Remi, après les crises qui y firent soigner Vincent. (*Note d'E. Bernard*).

que mon état de santé s'était raffermi. Ainsi, il y a aussi une toile de trente avec des terrains labourés, lilas rompu et fond de montagnes qui montent tout en haut de la toile ; donc rien que des terrains rudes et rochers avec un chardon et herbes sèches dans un coin et un petit homme violet et jaune.

Cela te prouvera, j'espère, que je ne suis pas ramolli encore.

Mon Dieu ! c'est un bien mauvais petit pays ici, tout y est difficile à faire pour démêler le caractère interne et pour que cela ne soit pas une chose vaguement vécue, mais du vrai sol de Provence. Alors pour arriver à cela c'est qu'il faut labourer et dur, et alors ça devient naturellement un peu abstrait ; car il s'agira de donner au soleil et au ciel bleu sa force et son éclat, aux terrains brûlés — et mélancoliques souvent — leur fin arôme de thym.

Les oliviers d'ici, mon bon, ça ferait votre affaire. Je n'ai pas eu de chance cette année pour les réussir, mais j'y reviendrai, à ce que je me propose ; c'est de l'argent sur terrain orangeâtre ou violacé, sous le grand soleil blanc. J'en ai, ma foi, vu de certains peintres et de moi-même qui ne rendaient pas du tout la chose. C'est comme du Corot d'abord, ce gris argent, et surtout cela n'a pas encore été fait, tandis que plusieurs artistes ont réussi les pommiers — par exemple — et les saules.

Ainsi il y a relativement peu de tableaux représentant les vignes, qui pourtant sont d'une beauté si changeante !

Il y a donc encore assez à tripoter ici pour moi.

Dites donc, ce que je regrette beaucoup de ne pas avoir vu à l'Exposition (*), c'est une série d'habitations de tous les peuples. Je crois que c'est Garnier ou Violet le Duc qui ont organisé cela. Eh bien ! pourriez-vous, vous qui l'aurez vue, me donner une idée et surtout un croquis avec la couleur de la maison égyptienne primitive. Ça doit être fort simple, un bloc

(*) 1889.

carré, je crois, sur une terrasse — mais je voudrais savoir la coloration aussi.

Dans un article, je lisais que c'était bleu, rouge et jaune. Avez-vous fait attention à cela. Prière de me renseigner sans faute. Il ne faut pas confondre avec le persan ou le marocain, il doit y en avoir qui sont à peu près cela, mais pas cela.

Enfin pour moi, en fait d'architecture, ce que je connais de plus admirable, c'est la chaumière au toit de chaume moussu avec son foyer noirci. Je suis donc très difficile.

J'ai vu un croquis dans une illustration des habitations anciennes mexicaines, cela paraît également primitif et très beau. Ah ! si on savait les choses d'alors et si on pouvait peindre les gens d'alors, qui ont vécu là dedans, ce serait aussi beau que du Millet ; je ne dis pas pour la couleur, mais comme caractère, comme chose significative, comme chose dans laquelle on a une foi solide.

Maintenant, pour ton service, est-ce que vous partirez ?

J'espère que vous irez voir mes toiles de nouveau lorsque j'enverrai en novembre les études d'automne, et si possible, faites-moi savoir ce que vous avez rapporté de Bretagne, car je tiens à savoir ce que vous croyez vos meilleures choses vous-même.

Alors bientôt j'écris de nouveau.

Je travaille à une grande toile d'un ravin ; c'est un motif tout à fait comme l'étude avec un arbre jaune que j'ai encore de vous ; deux bases de rochers excessivement solides entre lesquels coule un filet d'eau, une troisième montagne qui ferme le ravin.

Ces motifs ont certes une belle mélancolie, puis cela est amusant de travailler dans des sites bien sauvages où il faut enterrer le chevalet dans des pierres pour que le vent ne vous fiche pas tout par terre.

Poignée de main. Tout à toi.

1890

LETTRE XXI (*)

Mon cher ami Bernard,

Merci de ta lettre et surtout merci de vos photos qui me donnent une idée de vos travaux.

Mon frère d'ailleurs m'a l'autre jour écrit là-dessus, disant qu'il aimait beaucoup l'harmonieux de la couleur et une certaine noblesse dans plusieurs figures.

Tenez, dans l'*Adoration des Mages*, le paysage me charme trop pour oser critiquer, et, néanmoins, c'est trop fort comme impossibilité de supposer un enfantement comme ça, sur la route même, la mère qui se met à prier au lieu de donner à téter ; les grosses grenouilles ecclésiastiques agenouillées comme dans une crise d'épilepsie sont là, Dieu sait comment, et pourquoi ! Mais je ne trouve pas ça sain, moi. Parceque moi j'adore le vrai, le possible, si toutefois je suis capable d'un élan spirituel, et alors je m'incline devant cette étude forte à faire trembler du Millet — les paysans qui portent à la ferme un veau né dans les champs. Or, mon ami, cela, depuis la France jusqu'en Amérique, les gens l'ont senti ; et après vous viendrez nous renouveler les tapisseries du Moyen-Age ? Vrai

(*) Cette lettre, la dernière que je reçus de Vincent, me fut écrite après un long silence motivé par son état de santé. On y remarquera l'étrangeté de ces *tu* et de ces *vous* mêlés aux phrases. (*Note d'Emile Bernard*).

ment, est-ce une conviction sincère ? *Non !* vous savez mieux faire que cela et vous savez qu'il faut chercher le possible, le logique, le vrai, dûssiez-vous un peu oublier les choses parisiennes à la Baudelaire. — Comme je préfère Daumier à ce monsieur là !

Une Annonciation, de quoi ? Je vois des figures d'anges — ma foi, élégantes — une terrasse avec deux cyprès, que j'aime beaucoup ; il y a là énormément d'air, de clarté... mais, enfin, cette première impression passée, je me demande si c'est une mystification, et ces figurants ne me disent plus rien.

Mais suffit pour que tu comprennes que je soupirerais de savoir de toi des choses comme le tableau qu'a de toi Gauguin, cette promenade de bretonnes dans une prairie (*) d'une si belle ordonnance, d'une couleur si naïvement distinguée. Et tu échanges cela contre du — il faut te le dire — du factice, de l'affectation !

L'an passé vous faisiez un tableau — d'après ce que me disait Gauguin — à peu près, je suppose, ainsi : sur un avant-plan d'herbe une figure de jeune fille en robe bleue ou blanche, étendue tout de son long ; un second plan, lisière de bois de hêtres, le sol couvert de feuilles rouges tombées, les troncs vert de gris le barrant verticalement.

La chevelure je la suppose une note colorée du ton nécessité comme complémentaire de la robe blanche ; noire si le vêtement était blanc, orangée si le vêtement était bleu. Mais enfin, je me disais, quel motif simple et comme il sait faire de l'élégance avec rien (**).

(*) Il s'agit ici de la toile dont j'ai parlé autrefois au *Mercure de France* : « *Les Bretonnes dans la Prairie* », dans mon article : *Histoire de l'École dite de Pont-Aven*, et qui détermina chez Gauguin un tel changement de technique et de parti-pris. Il me l'avait échangée en 1888 contre un tableau de lui de même dimension et l'avait portée à Arles où Vincent la vit et en fit une copie.
Se reporter à la Préface du présent livre.   (*Note d'Émile Bernard*).

(**) L'exactitude de la description, prouve à quel point Gauguin avait goûté le tableau. On peut voir actuellement cette toile qui date de 1889, dans la collection de M. Amédée Schuffenecker. (*Note d'Émile Bernard*).

Gauguin me parla d'un autre motif, rien que trois arbres, effet de feuillage orangé contre ciel bleu ; mais encore bien nettement délinéé, bien divisé catégoriquement en plans de couleurs opposées et franches — à la bonne heure ! (*).

Et lorsque je compare cela à ce cauchemar d'un *Christ au Jardin des Oliviers*, ma foi je m'en sens triste, et te redemande par la présente, à hauts cris et t'engueulant ferme de toute la force de mes poumons — de vouloir bien un peu redevenir *toi*.

Le *Christ portant sa croix* est atroce. Sont-elles harmonieuses les taches de couleur là dedans ? Je ne te fais pas grâce d'un *poncif* — tiens, poncif ! — dans la composition.

Lorsque Gauguin était à Arles, comme tu le sais, une ou deux fois, je me suis laissé aller à une abstraction, dans la *Berceuse*, une *Liseuse de romans*, noire dans une bibliothèque jaune ; et alors l'abstraction me paraissait une voie charmante. Mais c'est terrain enchanté ça, mon bon ! et vite on se trouve devant un mur.

Je ne dis pas, après toute une vie mêlée de recherches, de lutte avec la nature corps à corps, on peut s'y risquer ; mais quant à moi, je ne veux pas me creuser la tête avec ces choses là. Toute l'année j'ai tripoté d'après nature, ne songeant guère à l'impressionnisme, ni à ceci, ni à cela. Cependant encore une fois je me laisse aller à faire des étoiles trop grandes et — nouvel échec — j'en ai assez.

Donc actuellement je travaille dans les *oliviers*, cherchant les effets variés d'un ciel gris contre terrain jaune, avec note vert-noir du feuillage ; une autre fois le terrain et le feuillage tout violacés contre ciel jaune ; puis terrain ocre rouge et ciel rose-vert. Va ça m'intéresse davantage que les abstractions ci-dessus nommées.

(*) Collection Eugène Boch.

19

Si je n'ai pas écrit depuis longtemps, c'est qu'ayant à lutter contre ma maladie et à calmer ma tête je ne me sentais guère envie de discuter et trouvais du danger à ces abstractions. En travaillant tout tranquillement les beaux sujets viendront tout seuls ; il s'agit vraiment surtout de bien se retremper dans la réalité, sans plan conçu d'avance, sans parti-pris parisien. Suis, d'ailleurs, fort mécontent de cette année ; mais peut-être prouvera-t-elle un fondement solide pour la prochaine. Je me suis bien laissé pénétrer par l'air des petites montagnes et des vergers ; avec ça je verrai. Mon ambition se borne bien à quelques mottes de terre, du blé qui germe, un verger d'oliviers, un cyprès — ce dernier, par exemple, pas commode à faire.

Toi qui aimes les primitifs, qui les études, je te demande pourquoi tu sembles ne pas connaître Giotto. Gauguin et moi avons encore vu un tout petit panneau de lui à Montpellier, la mort d'une bonne sainte femme quelconque. Là les expressions de douleur et d'extase sont humaines à tel point que tout dix-neuvième siècle qu'on soit, on s'y sent — et croit avoir été là présent — tant on partage l'émotion.

Si je voyais tes toiles mêmes je crois que, néanmoins la couleur pourrait me passionner, mais alors tu parles de portraits que tu as faits et serrés de près ; voilà ce qui sera bien et où tu auras été *toi*.

Voilà description d'une toile que j'ai devant moi dans ce moment. Une vue du parc de la maison de santé où je suis (*) : à droite une terrasse grise, un pan de maison. Quelques buissons de roses déflories, à gauche le terrain du parc — ocre rouge — terrain brûlé par le soleil, couvert de brindilles de pin tombées. Cette lisière du parc est plantée de grands pins aux troncs et branches ocre rouge, au feuillage vert attristé par un mélange de noir. Ces hauts arbres se détachent sur un ciel du soir strié de violet sur fond jaune, le jaune tourne dans

(*) A Saint-Remi.

le haut au rose, tourne au vert. Une muraille — ocre rouge
encore — barre la vue et n'est dépassée que par une colline
violette et ocre jaune. Or, le premier arbre est un tronc énorme
mais frappé par la foudre et scié. Une branche latérale cependant s'élance très haut et retombe en avalanche de brindilles
vert sombre. Ce géant sombre — comme un orgueilleux défait
— contraste, en tant que considéré comme caractère d'être
vivant — avec le sourire pâle d'une dernière rose sur le buis-
son qui se fane en face de lui. Sous les arbres des bancs de
pierre vides, du buis sombre, le ciel se reflète — jaune —
après la pluie, dans une flaque. Un rayon de soleil, le dernier
reflet, exalte jusqu'à l'orangé, l'ocre sombre. Des figurines
noires rôdent çà et là entre les troncs.

Tu comprendras que cette combinaison d'ocre rouge, de
vert attristé de gris, de traits noirs qui cernent les contours,
cela produit un peu la sensation d'angoisse dont souffrent souvent certains de mes compagnons d'infortune (*), qu'on appelle
« noir-rouge ». Et d'ailleurs le motif du grand arbre frappé
par l'éclair, le sourire maladif vert-rose de la dernière fleur
d'automne vient confirmer cette idée.

Une autre toile représente un soleil levant sur un champ de
jeune blé ; des lignes fuyantes, des sillons montant haut dans
la toile, vers une muraille et une rangée de collines lilas. Le
champ est violet et jaune-vert. Le soleil blanc est entouré
d'une grande auréole jaune. Là dedans j'ai, par contraste à
l'autre toile, cherché à exprimer du calme, une grande paix.

Je te parle de ces deux toiles, surtout alors de la première,
pour te rappeler que pour donner une impression d'angoisse
on peut chercher à le faire sans viser droit au jardin de Geth-

---

(*) Inutile d'insister, je pense, sur cet admirable passage où Vincent — qui m'écrit
d'une maison d'aliénés — semble par la toile qu'il narre donner un état de son âme,
état poignant, cri du fond de l'abîme qui m'arracha les larmes lorsque je l'entendis pour
la première et dernière fois. (*Note d'Émile Bernard*).

semani historique ; que pour donner un motif consolant et
doux il n'est pas nécessaire de représenter les personnages du
sermon sur la montagne.

Ah ! il est sans doute sage, juste, d'être ému par la Bible ;
mais la réalité moderne a tellement prise sur nous que même
en cherchant abstraitement à reconstruire les jours anciens
dans notre pensée, les petits événements de notre vie nous
arrachent à ce même moment à ces méditations, et nos aventures propres nous rejettent de force dans les sensations personnelles — joie, ennui, souffrance, colère ou sourire.

La Bible ! la Bible ! Millet dès son enfance étant éduqué là
dedans, ne faisait que lire ce livre là ! Et pourtant jamais, ou
presque jamais, il ne fit de tableaux bibliques. Corot a fait un
Jardin des Oliviers, avec le Christ et l'étoile du berger,
sublime ; dans son œuvre on sent Homère, Eschyle, Sophocle,
aussi parfois comme l'Evangile ; mais combien discret, et
prépondérant toujours les sensations modernes possibles communes à nous tous. Mais, diras-tu, Delacroix ? Oui !

Delacroix — mais alors tu aurais encore tout autrement à
éludier, oui *éludier* l'histoire, avant de mettre les choses à
leur place comme ça.

Donc, c'est un échec, mon brave (*), tes tableaux bibliques ;
mais il y en a peu qui se trompent comme ça, et c'est une
erreur ; mais le retour de cela sera, j'ose croire, épatant ! C'est
en se trompant qu'on trouve parfois le chemin. Va revenge
t'en en peignant ton jardin tel qu'il est ou ce que tu voudras.
En tous cas, c'est bon de chercher du distingué, de la noblesse
dans les figures, et tes études représentent un effort fait, donc
autre chose que du temps perdu. Savoir diviser une toile ainsi

(*) Vincent, qui était protestant, en voulait surtout à ma conception spiritualiste du
sujet religieux, dégagée de toute contingence historique, prise au cœur même du sentiment ; conception catholique s'il en fut où la pensée l'emportait sur les faits.
(Note d'Emile Bernard).

en grands plans enchevêtrés, trouver des lignes, des formes
faisant contrastes, c'est de la technique, des trucs, si tu veux,
de la cuisine, mais enfin c'est signe que tu approfondis ton
métier, et cela c'est bien.

Quelque haïssable que soit la peinture, et encombrante au
temps où nous sommes, celui qui a choisi ce métier, s'il l'exerce
quand même avec zèle est homme de devoir et solide et fidèle.
La société nous rend parfois l'existence bien pénible, et de là
aussi vient notre impuissance et l'imparfait de nos travaux. Je
crois que Gauguin lui-même en souffre beaucoup aussi et ne
peut pas se développer, comme pourtant c'est en dedans de lui
de pouvoir le faire. Moi je souffre de ce que je manque de
modèles absolument. Par contre, il y a de beaux sites ici. Je
viens de faire cinq toiles de trente, des oliviers. Et si je reste
ici encore c'est que ma santé se refait beaucoup. Ce que je fais
est dur, sec, mais c'est que je cherche à me retremper par du
travail un peu rude, et je craindrais que les abstractions me
ramollissent.

As-tu vu une étude de moi avec un petit faucheur, un champ
de blé jaune et un soleil jaune. Ça n'y est pas, et pourtant
là dedans j'ai encore attaqué cette diable de question du jaune.
Je parle de celle qui est empâtée et faite en plein soufre.

J'aurais encore bien des choses à te dire, mais si j'écris
aujourd'hui que ma tête s'est un peu raffermie, auparavant je
craignais de me l'échauffer avant d'être guéri. En pensée poignée de main bien cordiale, aussi à Anquetin et aux autres
amis, si tu en vois, et crois moi.

Tout à toi.

P.-S. — Pas besoin de te dire que je regrette pour toi,
comme pour ton père, que celui-ci n'ait pas trouvé bon que tu
passes la saison avec Gauguin. Ce dernier m'écrit que pour
cause de santé, ton service est remis à un an. Merci quand

même de la description de la maison égyptienne. J'aurais
encore voulu savoir si elle était plus grande ou plus petite
qu'une chaumière de chez nous ; enfin, sa proportion relative
à une figure humaine. C'est surtout pour la coloration que je
demande le renseignement.

Fin des Lettres de Vincent Van Gogh
a Émile Bernard

LETTRE XXII

Mon cher Gauguin,

Merci de votre lettre et merci surtout de votre promesse de venir déjà le vingt. Certes, cette raison que vous dites (*), doit ne pas contribuer à faire un voyage d'agrément du trajet en chemin de fer, et ce n'est que comme de juste que vous retardiez votre voyage jusqu'à ce que vous puissiez le faire sans emmerdement. Mais, à part cela, je vous l'envie presque ce voyage qui va vous montrer en passant des lieues et des lieues de pays de diverse nature avec les splendeurs d'automne.

J'ai toujours encore présente dans ma mémoire l'émotion que m'a causé le trajet cet hiver de Paris à Arles. Comme j'ai guetté si cela était déjà du Japon! Enfantillage quoi.

Dites donc, je vous écrivais l'autre jour que j'avais la vue étrangement fatiguée. Bon, je me suis reposé deux jours et demi, et puis je me suis remis au travail, mais n'osant pas

(*) Gauguin était alors malade d'une dyssenterie contractée à la Martinique.

encore aller en plein air. J'ai fait, toujours pour ma décoration,
une toile de trente de ma chambre à coucher, avec les meubles
en bois blanc que vous savez.

Eh bien, cela m'a énormément amusé de faire cet intérieur
sans rien, d'une simplicité à la Seurat : à teintes plates, mais
grossièrement brossées, en pleine pâte, les murs lilas pâle, le
sol d'un rouge rompu et fané, les chaises et le lit jaune de
chrôme, les oreillers et le drap citron vert très pâle, la couverture rouge sang, la table à toilette orangée, la cuvette bleue,
la fenêtre verte. J'aurais voulu exprimer un repos *absolu* par
tous ces tons très divers, vous voyez, et où il n'y a que de blanc
que la petite note que donne le miroir à cadre noir (pour four-
rer encore la quatrième paire de complémentaires là dedans).

Enfin, vous verrez cela avec les autres, et nous en causerons,
car je ne sais souvent pas ce que je fais, travaillant presque en
somnambule.

Il commence à faire froid, surtout les jours de mistral.

J'ai fait mettre le gaz dans l'atelier pour que nous ayons une
bonne lumière en hiver.

Peut-être serez-vous désenchanté d'Arles, si vous y venez
par un temps de mistral; mais attendez... C'est à la longue
que la poésie d'ici pénètre.

Vous ne trouverez pas encore la maison aussi confortable
que peu à peu nous chercherons à la rendre. Il y a tant de
dépenses ! Et cela ne peut pas se faire d'une seule haleine.
Enfin, je crois qu'une fois ici, vous allez comme moi être pris
d'une rage de peindre, dans les intervalles du mistral, les
effets d'automne, et que vous comprendrez que j'ai insisté pour
que vous veniez, maintenant qu'il y a de bien beaux jours.

Allons, au revoir.

Tout à vous.

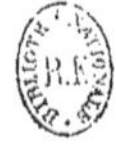

Vincent.

CENT

REPRODUCTIONS

DE

DESSINS

ET

TABLEAUX

HOLLANDE - PARIS - ARLES

AUVERS-SUR-OISE

1875 - 1885 - 1887 - 1890

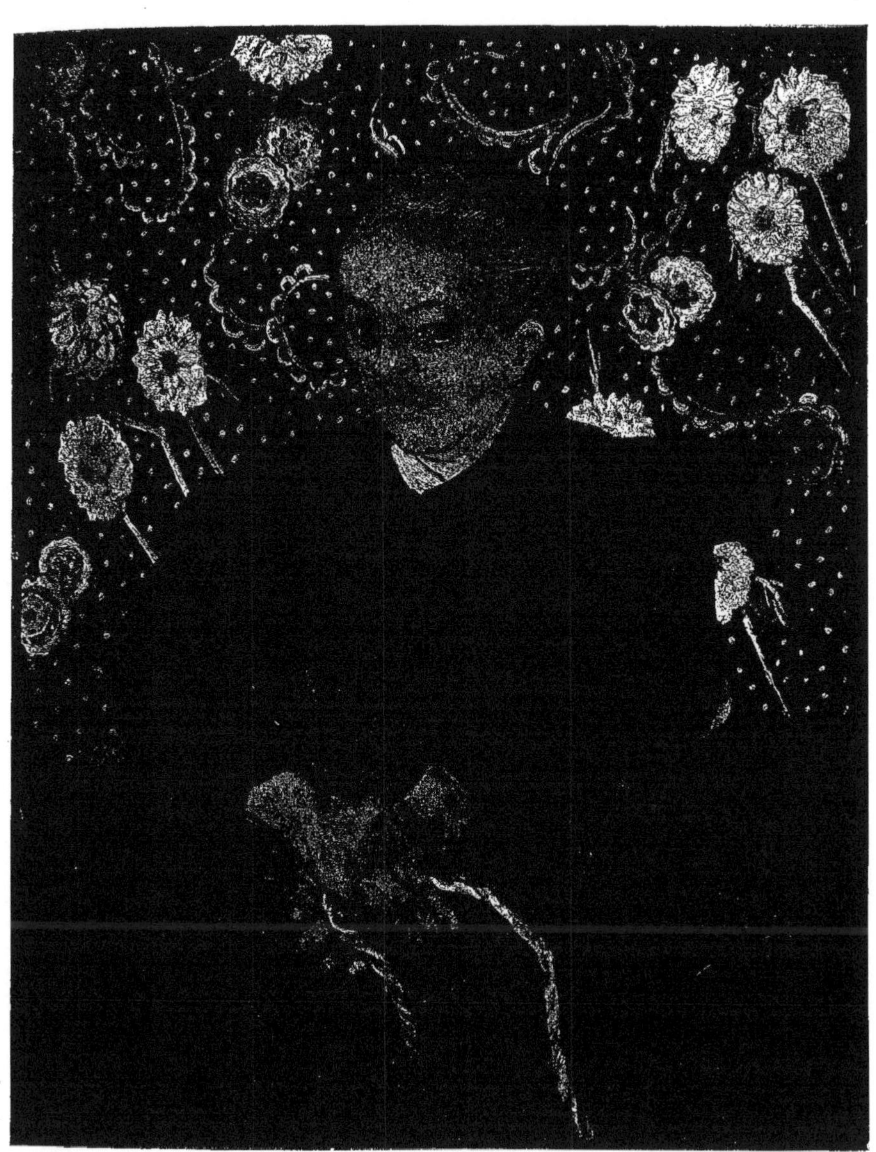

LA BERCEUSE

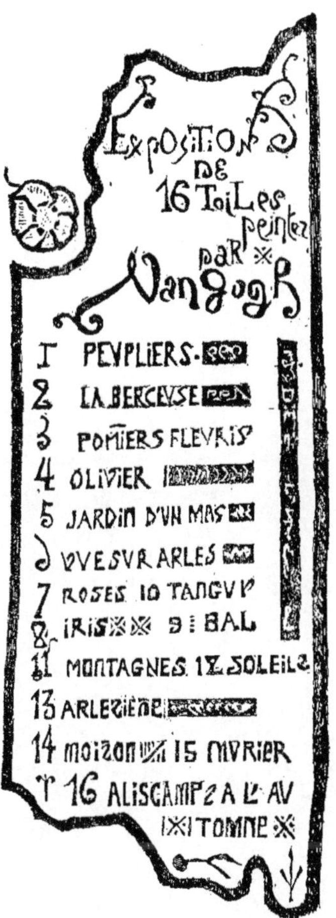

Reproduction réduite d'un bois gravé par E. Bernard pour la première exposition posthume de Vincent Van-Gogh.

I

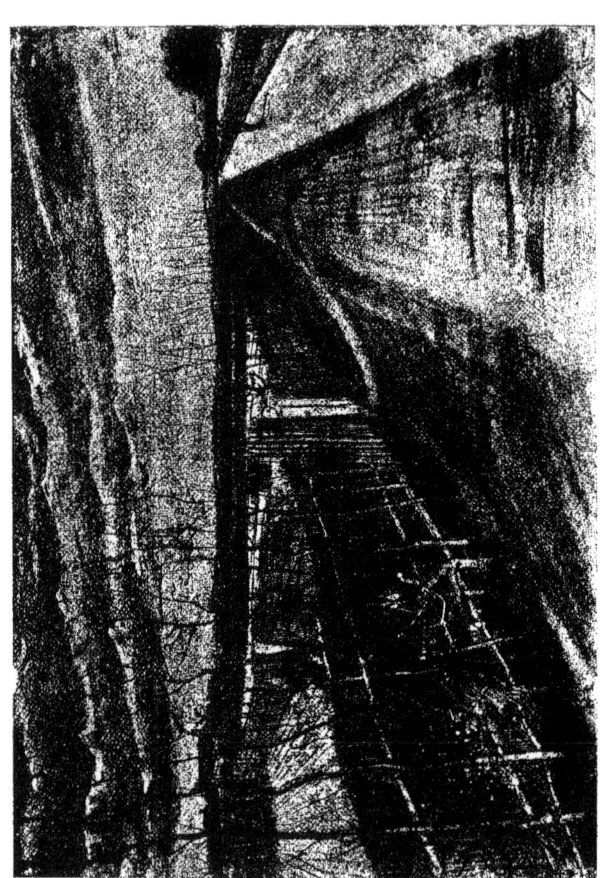

Route à Nunnen. — Hollande.

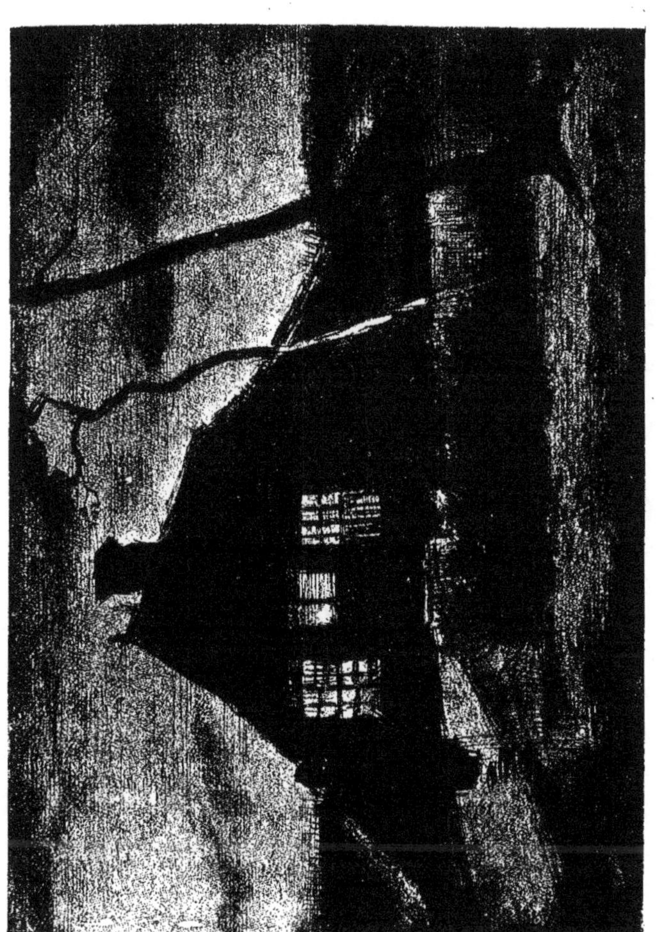

Chaumière hollandaise.

— III —

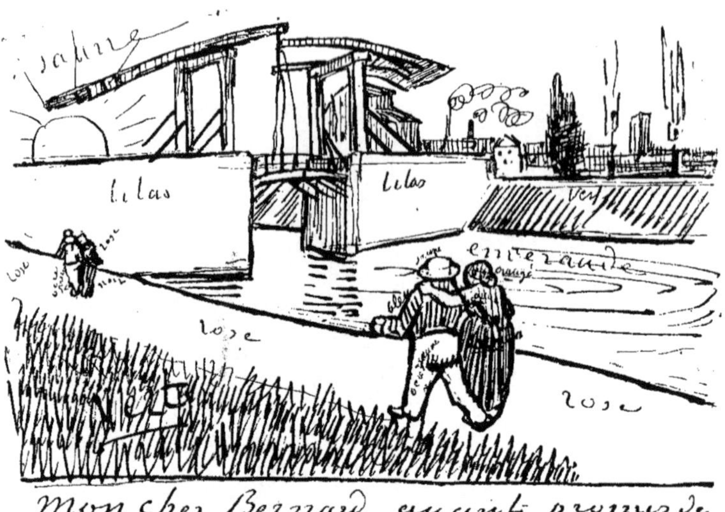

Mon cher Bernard, ayant promis de
t'écrire, je veux commencer par te
dire que le pays me paraît aussi
beau que le Japon pour la limpidité
de l'atmosphère et les effets de couleur
gais. Les eaux font des tâches d'un
bel émeraude et d'un riche bleu dans les
paysages ainsi que nous le voyons
dans les crépons. Des couchers de soleil
orangé pâle faisant paraître bleus les
terrains. Des soleils jaunes splendides.
Cependant je n'ai encore guère vu le
pays dans sa splendeur habituelle d'été.
Le costume des femmes est joli et le dimanche
surtout on voit sur le boulevard des
arrangements de couleur très naïfs et
bien trouvés. Et cela aussi sans doute
s'égayera encore en été.

Fac-similé d'une lettre de Vincent Van-Gogh adressée d'Arles.

Je regrette que la vie ici n'est pas
à si bon marché que je l'avais espéré
et je n'ai pas trouvé moyen jusqu'à
présent de m'en tirer à aussi bon
compte qu'on pourrait le faire à Pont Aven
J'ai commencé par payer 5 fr et maintenant
je suis à 4 francs par jour. Il faudrait
savoir le patois d'ici et savoir manger de
la bouillabaisse et de l'aïoli alors on
trouverait sûrement une pension bourgeoise
peu coûteuse. Puis si on était à plusieurs
on obtiendrait je suis porté à le croire, des
conditions plus avantageuses. Il y aurait
peut être un réel avantage pour bien des
artistes amoureux de soleil et de couleur
d'émigrer dans le midi. Si les Japonais
ne sont pas en progrès dans leur pays
il est indubitable que leur art se continue
en France. En tête de cette lettre je
t'envoie un petit croquis d'une étude
qui me préoccupe pour en faire quelque
chose. Des matelots qui remontent avec
leurs amoureuses vers la ville qui profile
l'étrange silhouette de son pont levis sur
un énorme soleil jaune
J'ai une autre étude du même
pont levis. avec un groupe de
laveuses. Je serai content d'un
mot de toi pour savoir ce que
tu fais et où tu iras. Poignée
de main bien cordiale à
toi même et aux amis   b. à toi
                                        Vincent

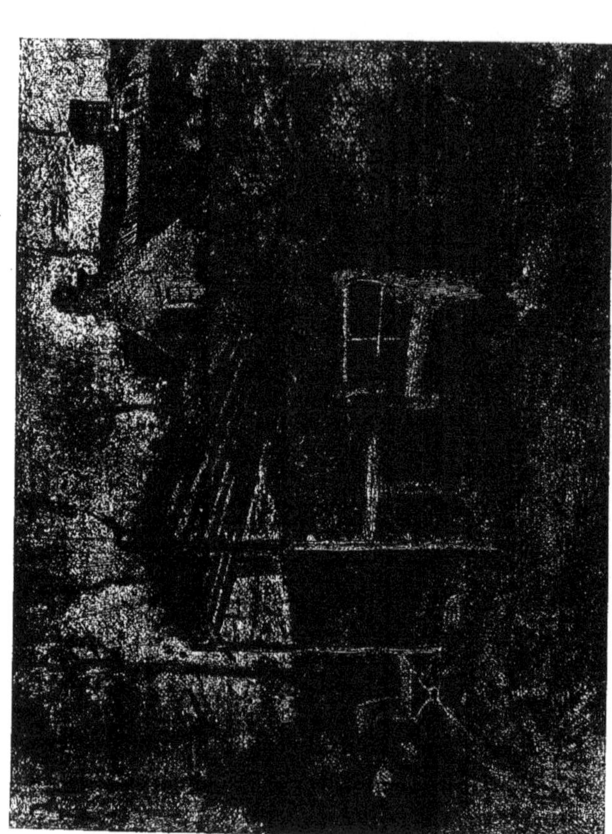

Le Jardin des Parents de Van-Gogh.

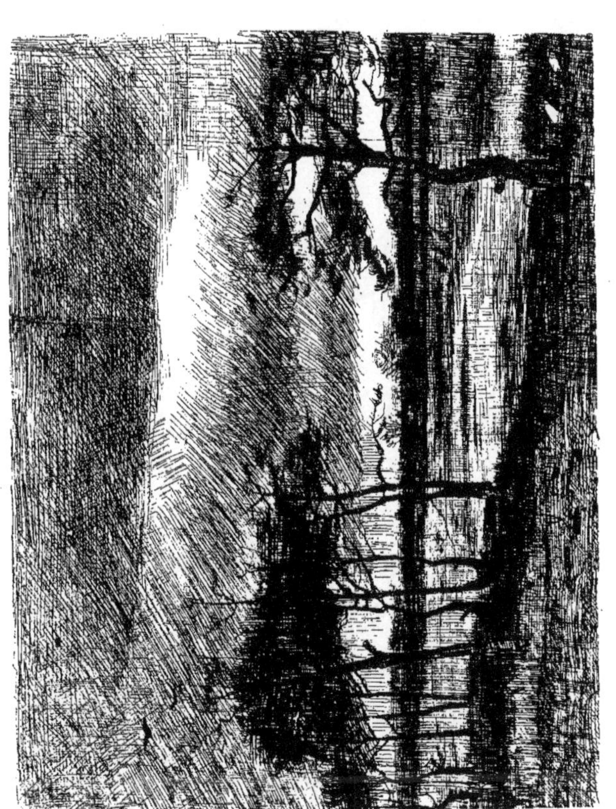

Bruyère hollandaise.

— VII —

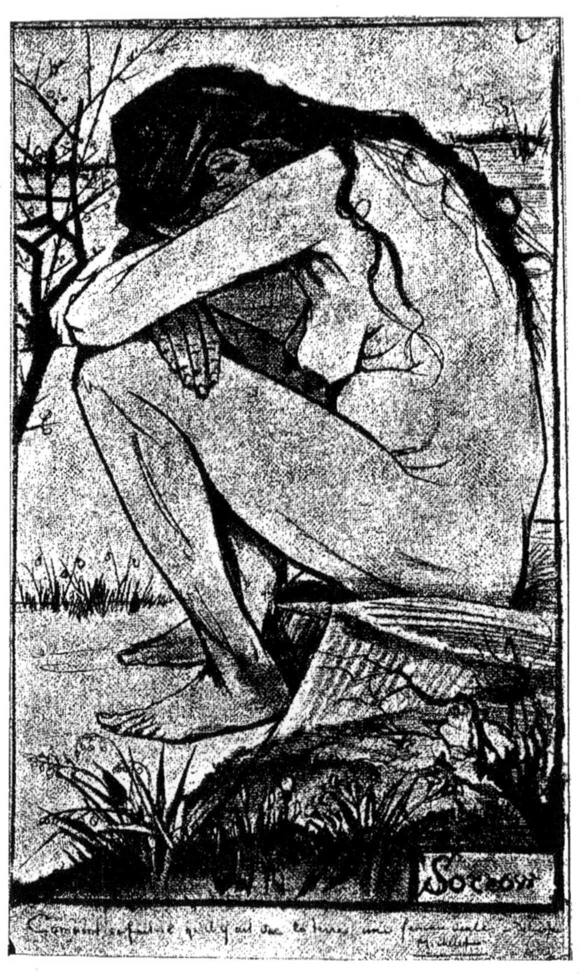

Dessin allégorique appartenant à la période de Hollande.

— VIII —

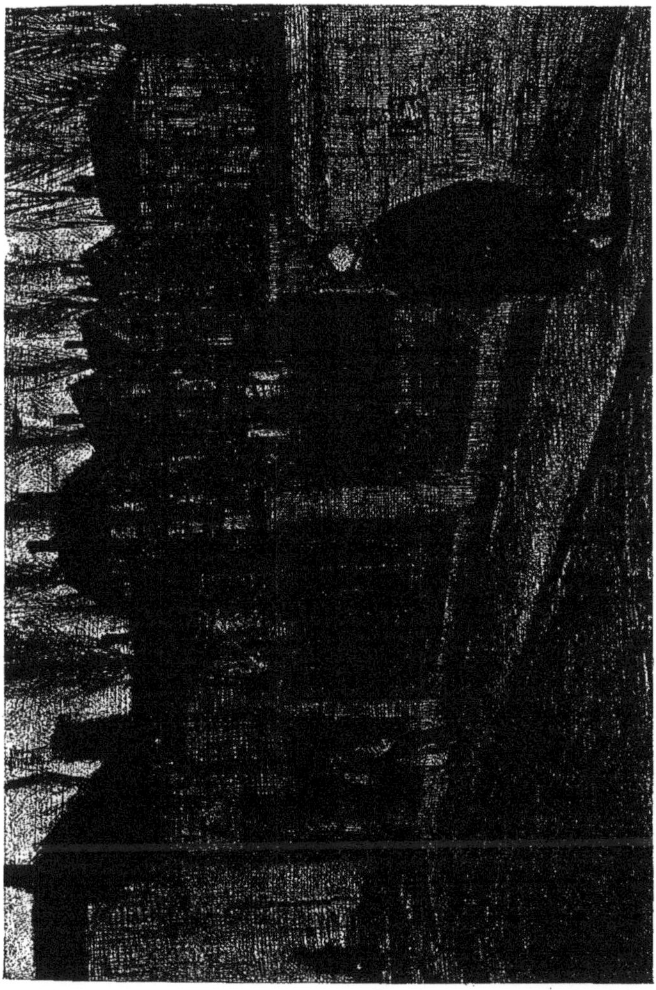

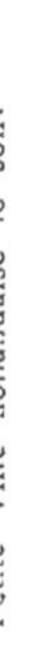

Petite Ville hollandaise le soir.

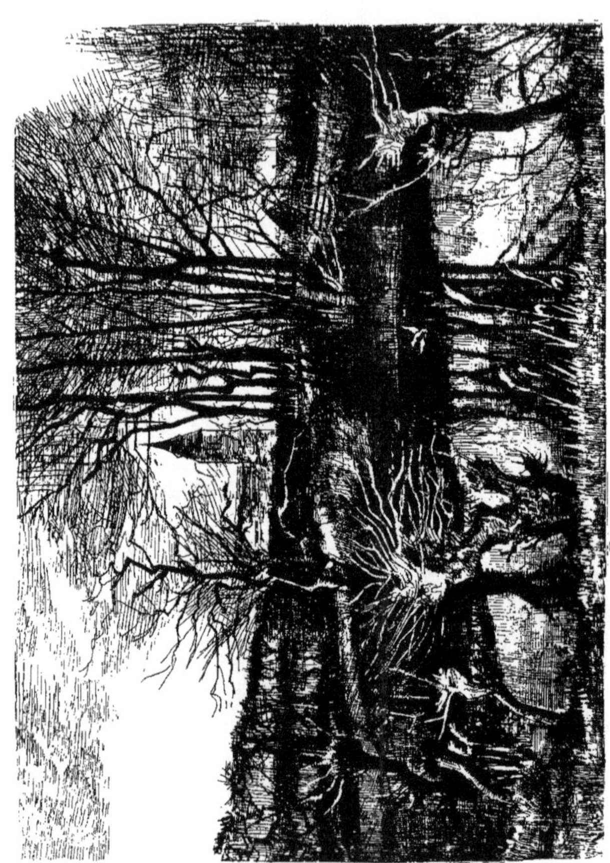

La Mare. — Vue prise à Nunnen.

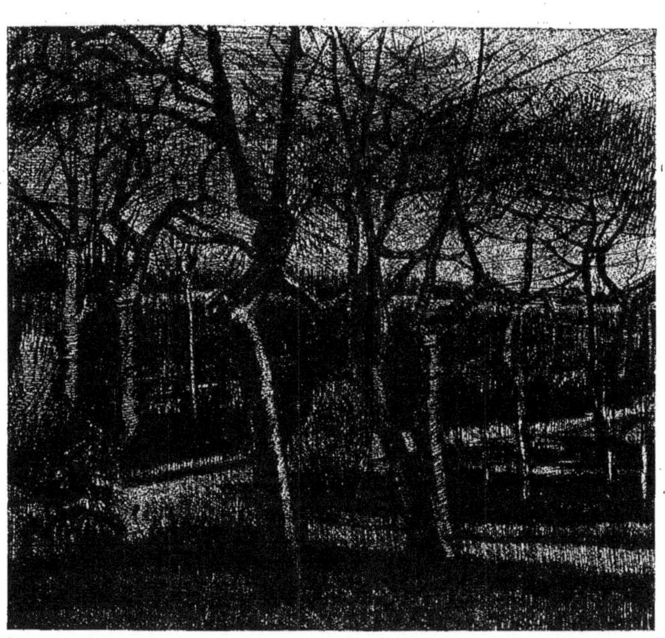

. Jardin hollandais l'hiver.

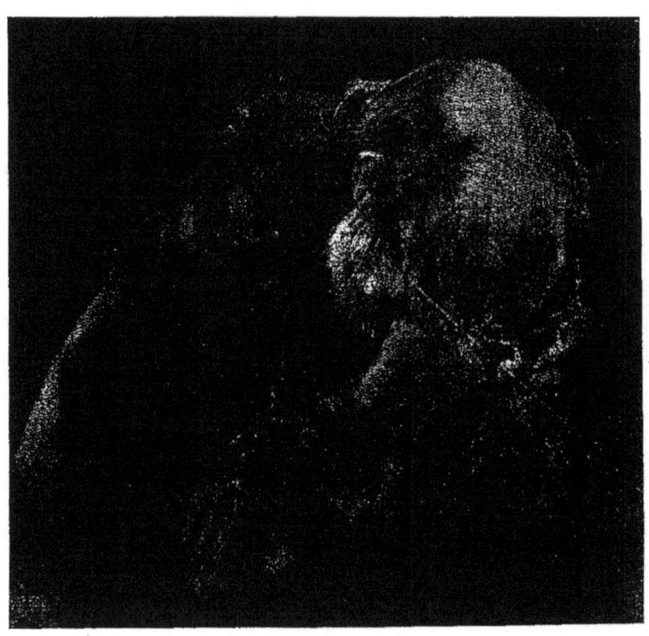

Le Vieillard malheureux.

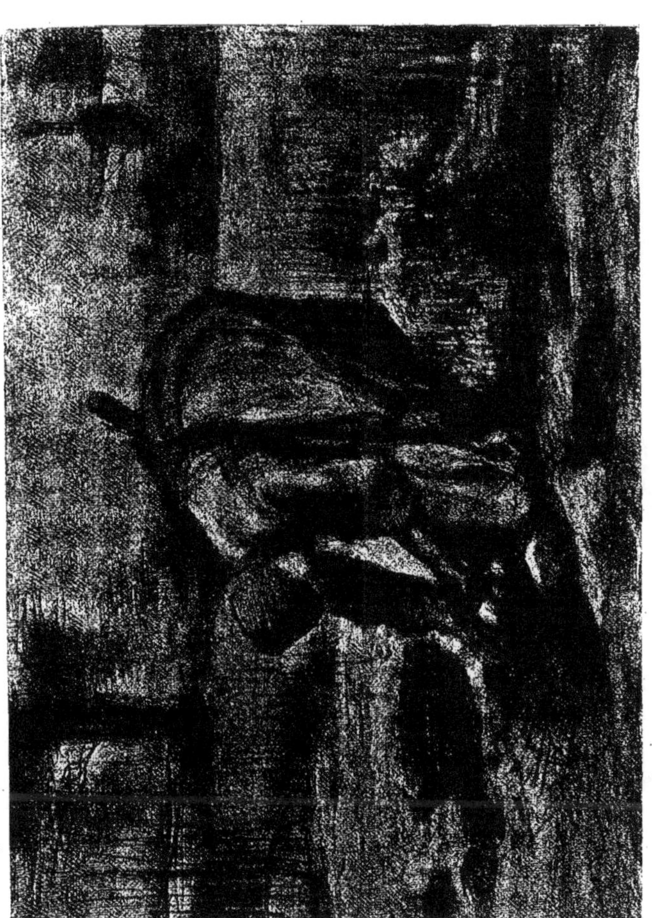

Paysanne hollandaise.

— XIII —

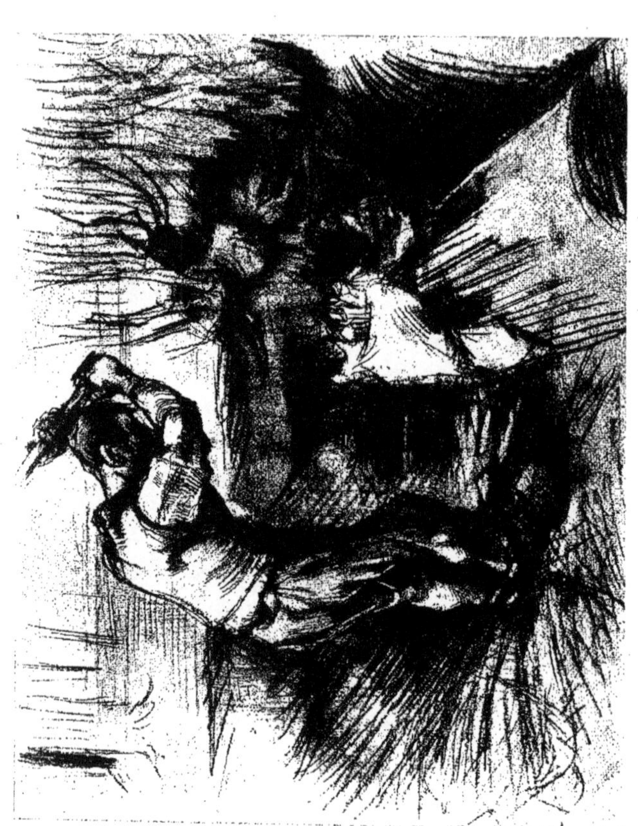

Le Bûcheron hollandais.

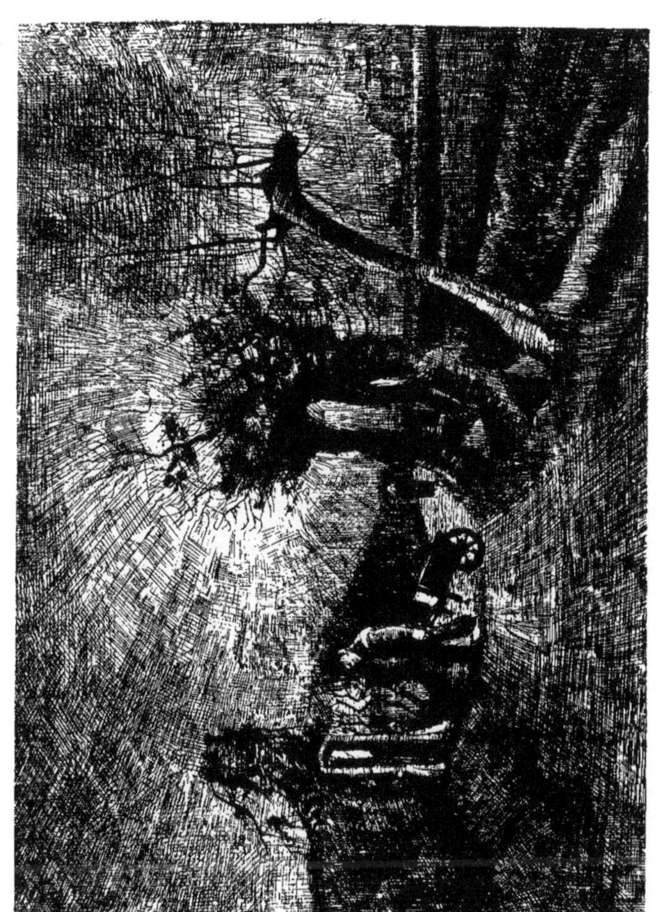

Soleil couchant en Hollande.

— XV —

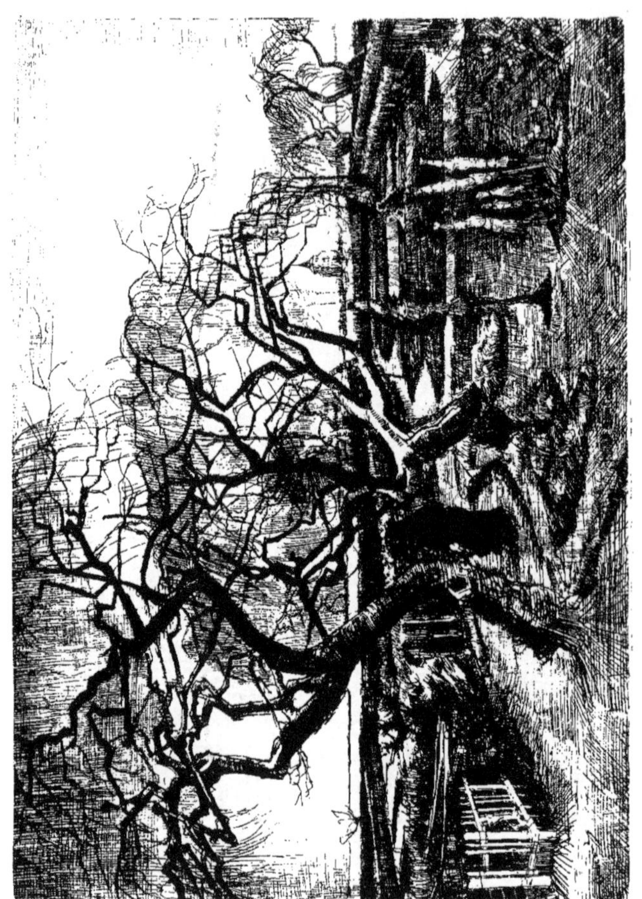

Jardin des Parents de Vincent.

— XVI —

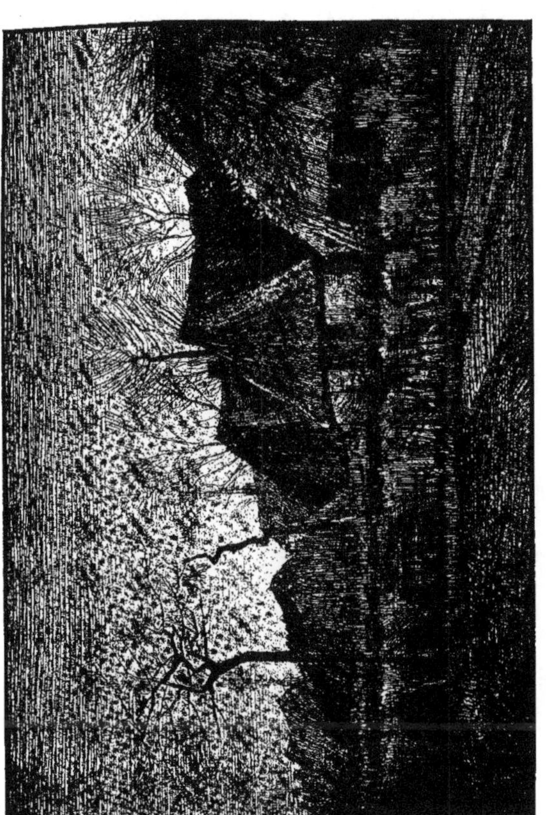

Chaumiéres Hollandaises.

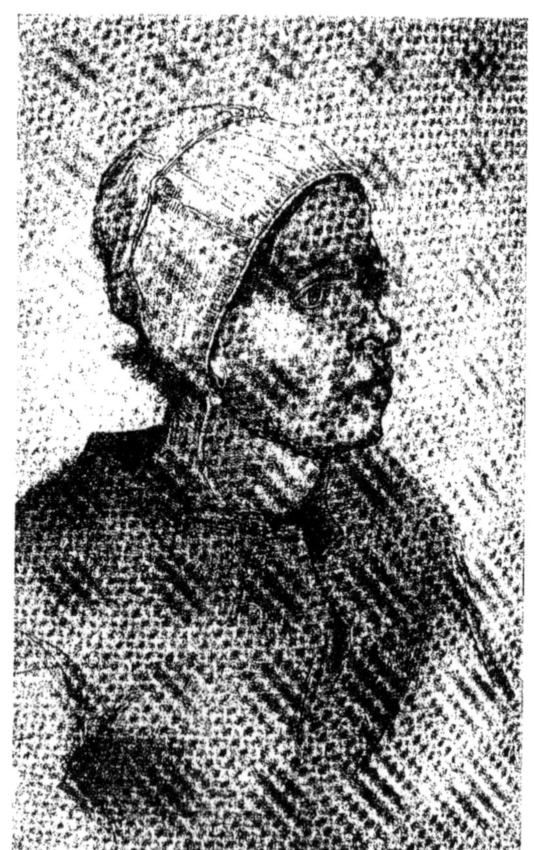

Paysanne Hollandaise.

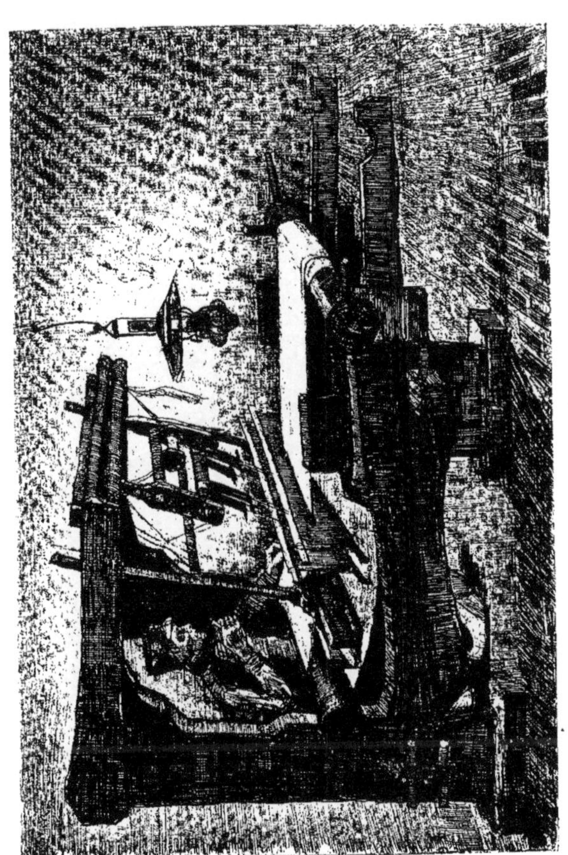

Le Tisserand.

— XIX —

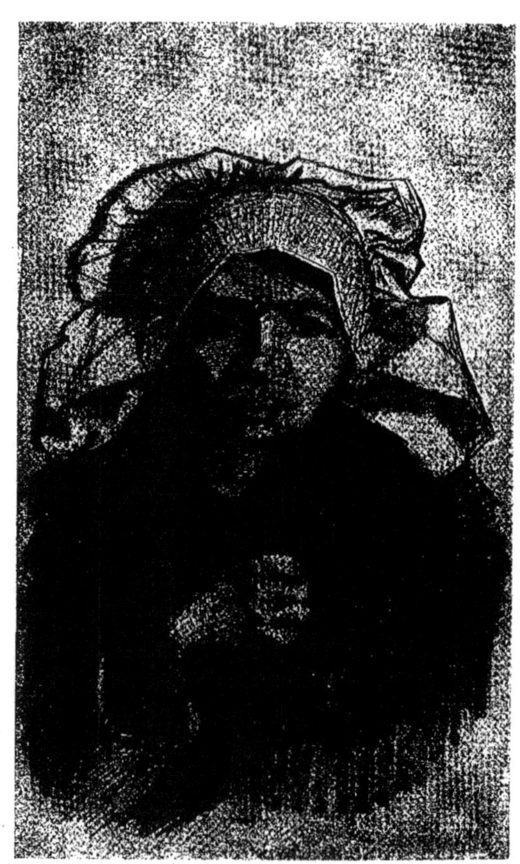

Femme de Hollande.

— XX —

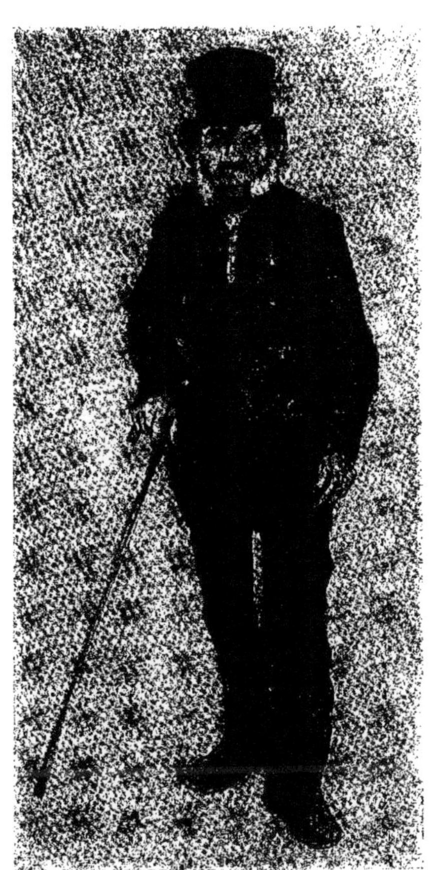

L'Ancien.

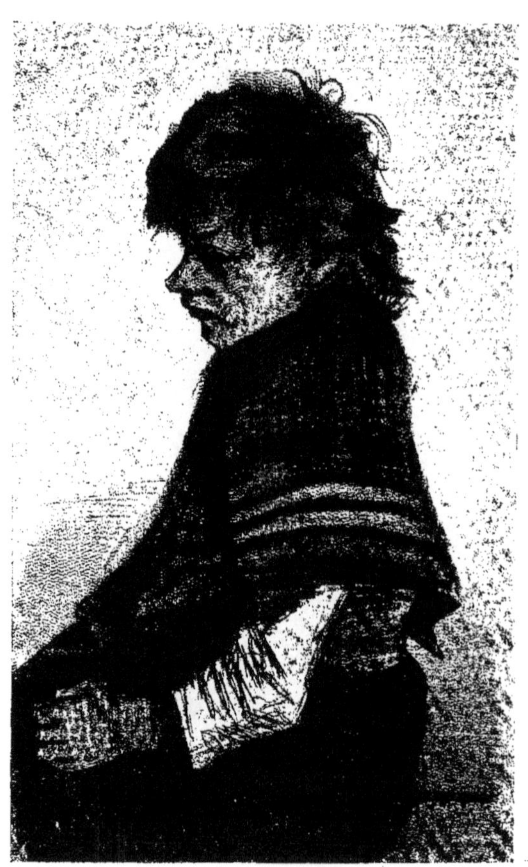

Fillette de la Campagne Hollandaise.

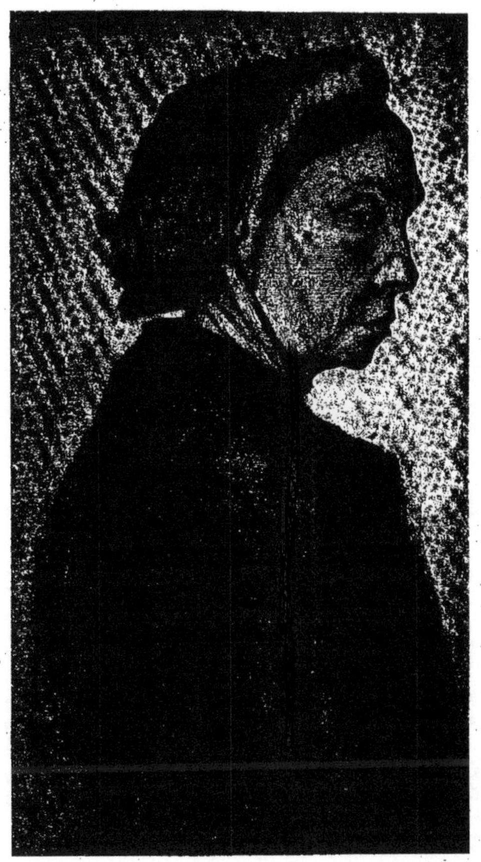

Hollandaise de Nunnen.

— XXIII —

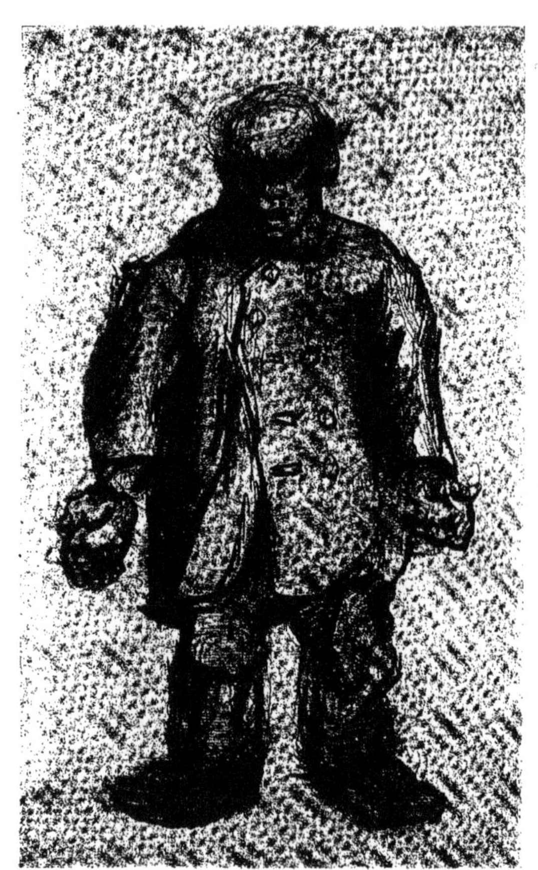

Le Fossoyeur.

— XXIV —

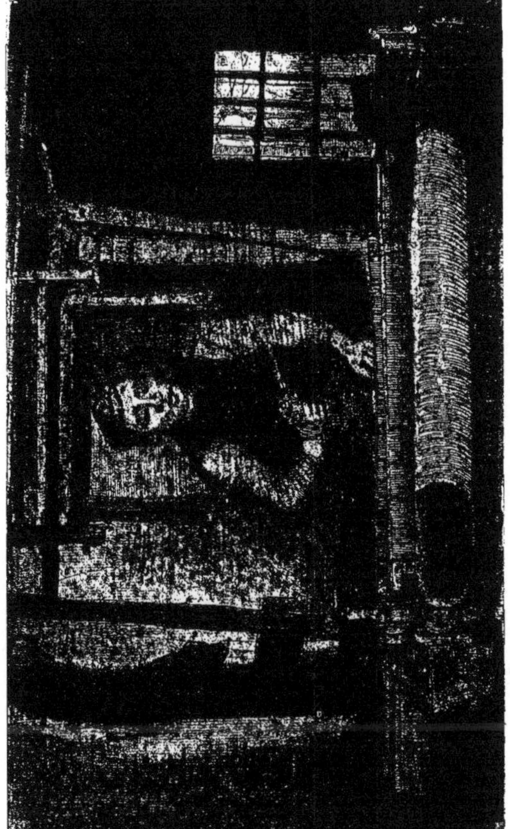

Un Métier de Tisserand.

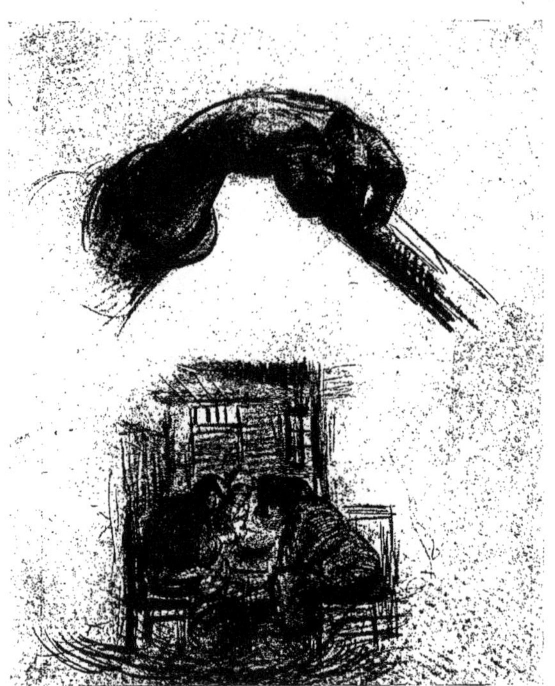

Étude de main, croquis de groupe.

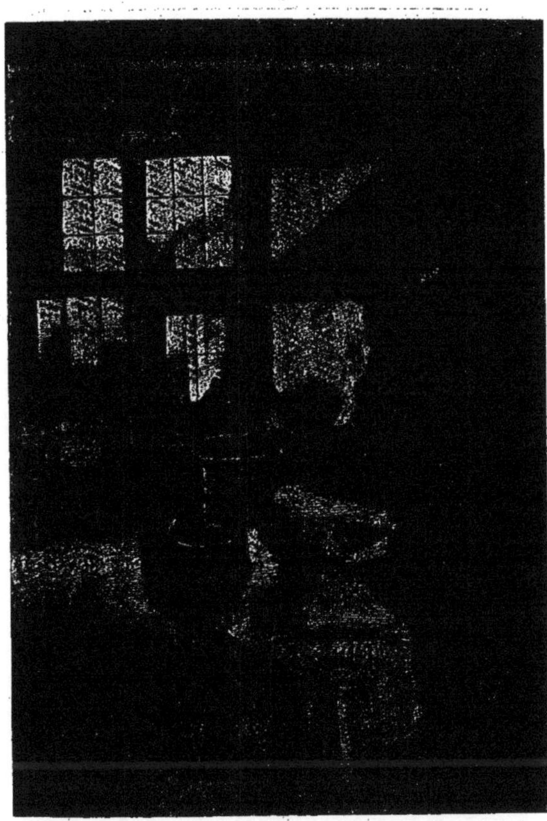

La forge hollandaise.

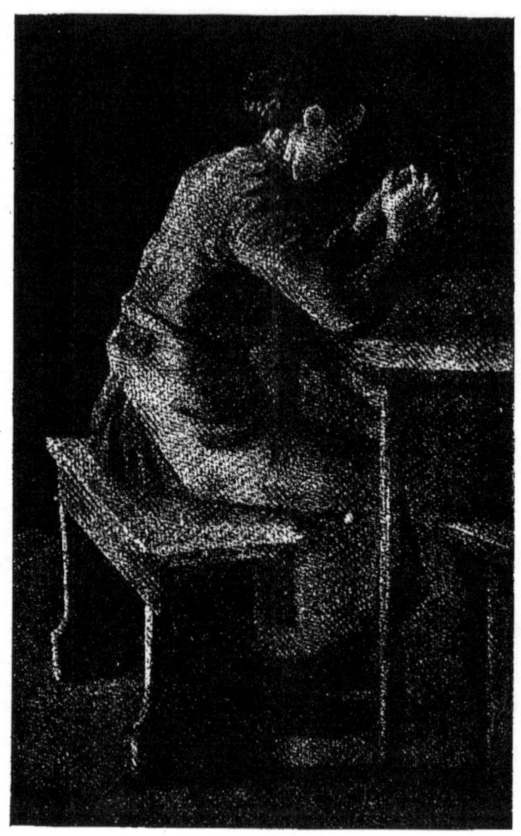

Le Bénédicité.

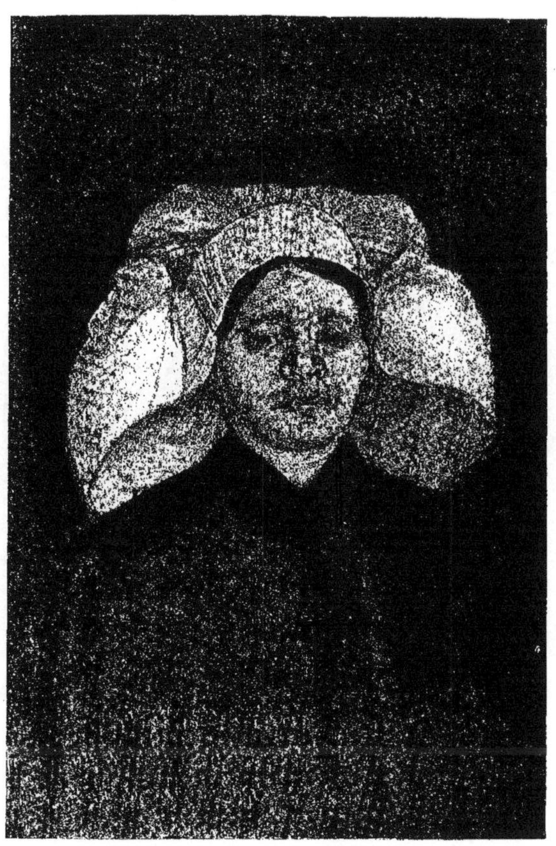

Tête de paysanne.

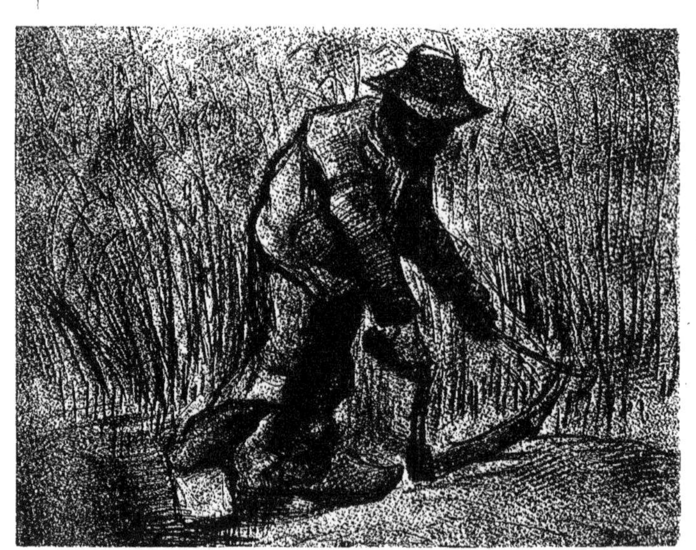

Le Moissonneur.

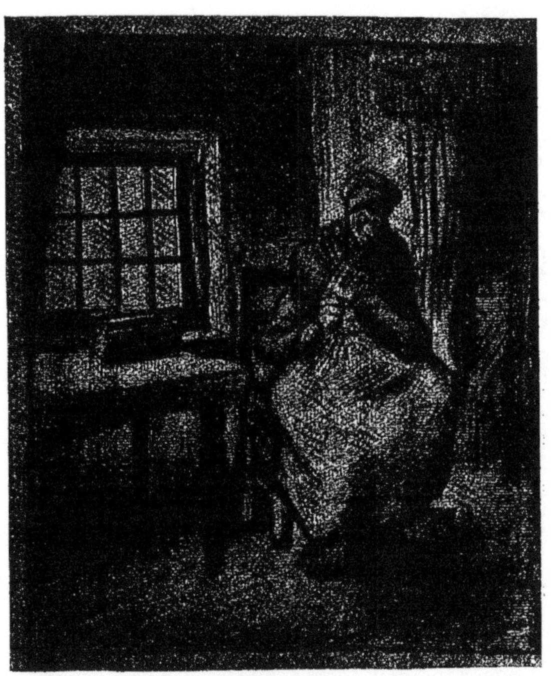

Chaumière hollandaise.

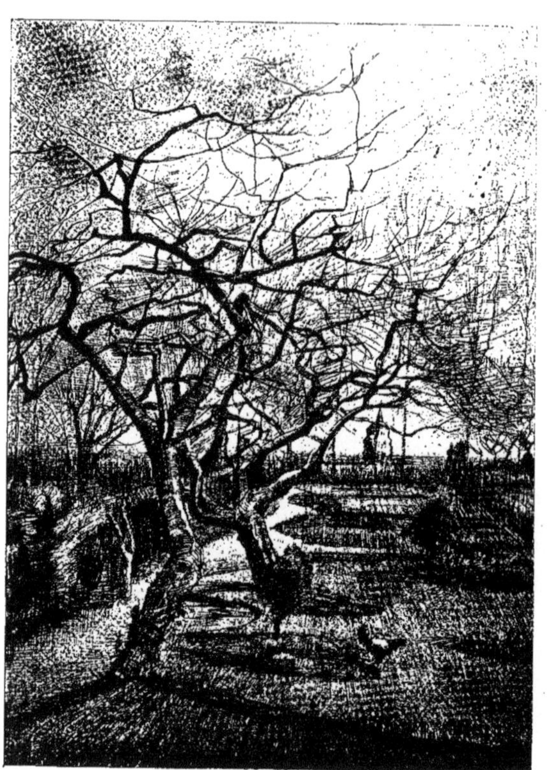

Jardin à Nunnen.

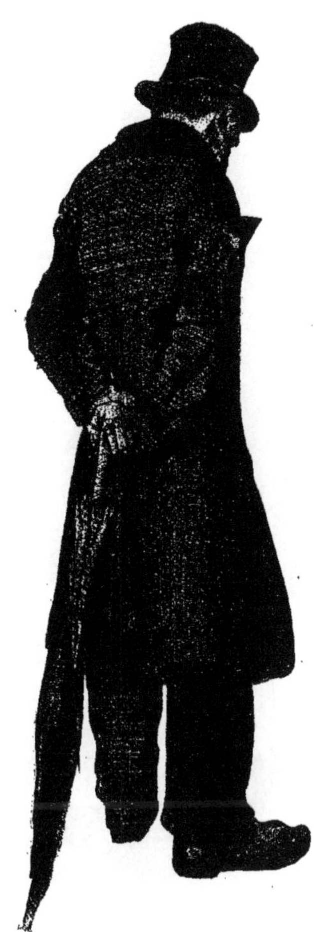

Bourgeois Hollandais.

— XXXIII —

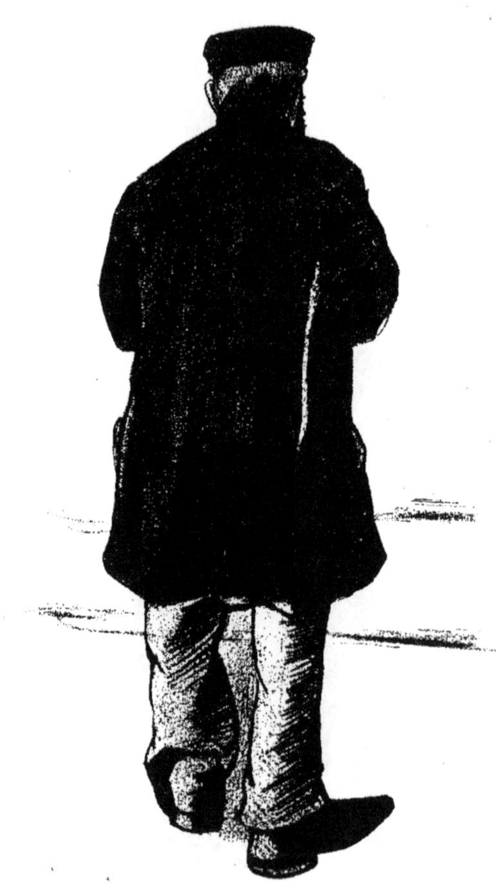

Paysan Hollandais.

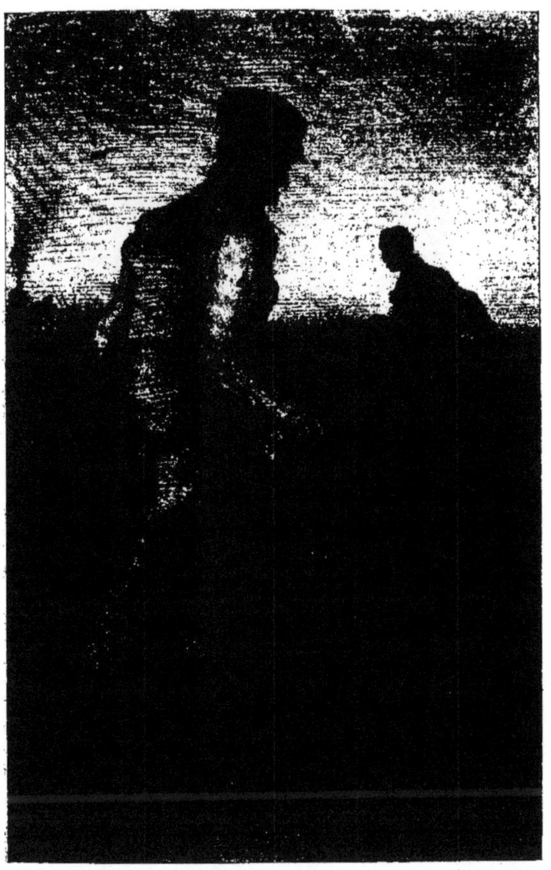

Les Semailles.

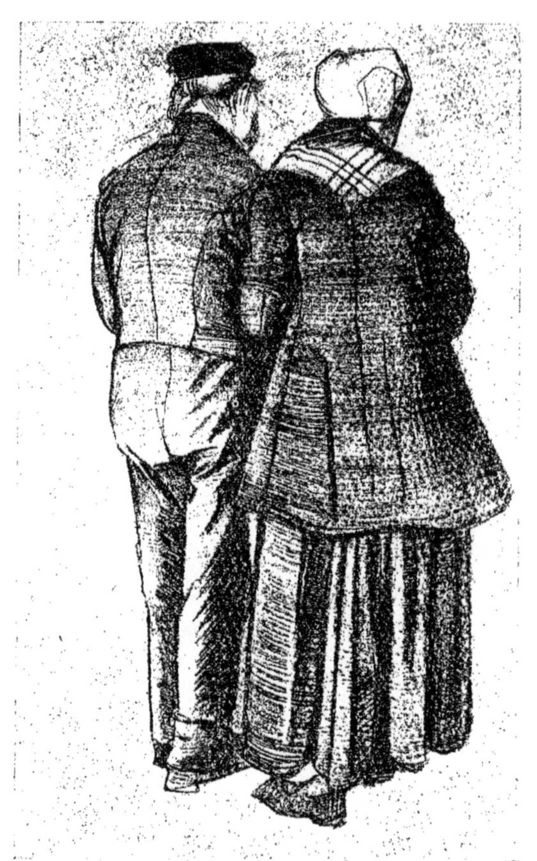

Paysans.

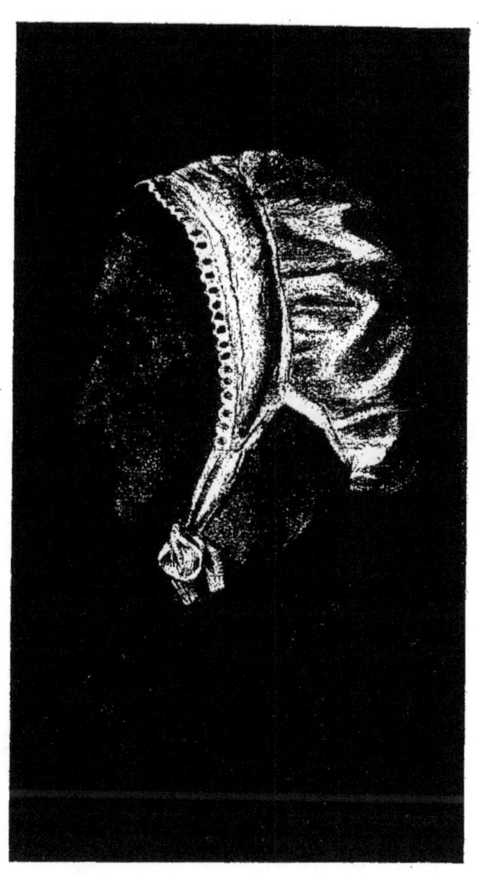

Tête de Paysanne.

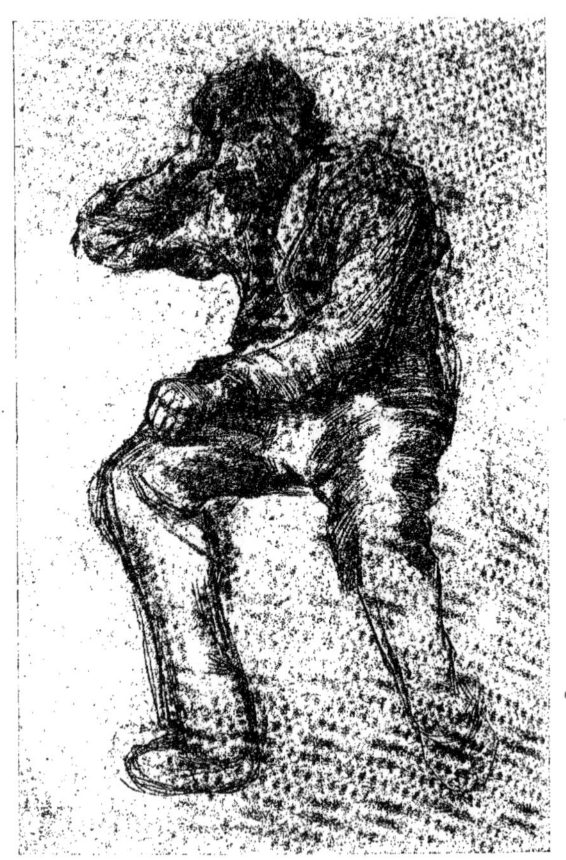

Etude.

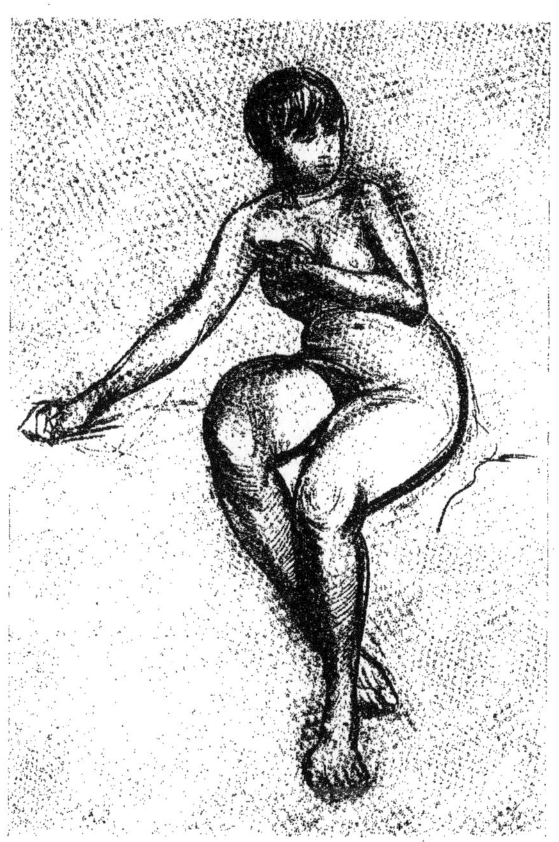

Étude de Nu. — Atelier Cormon 1886.

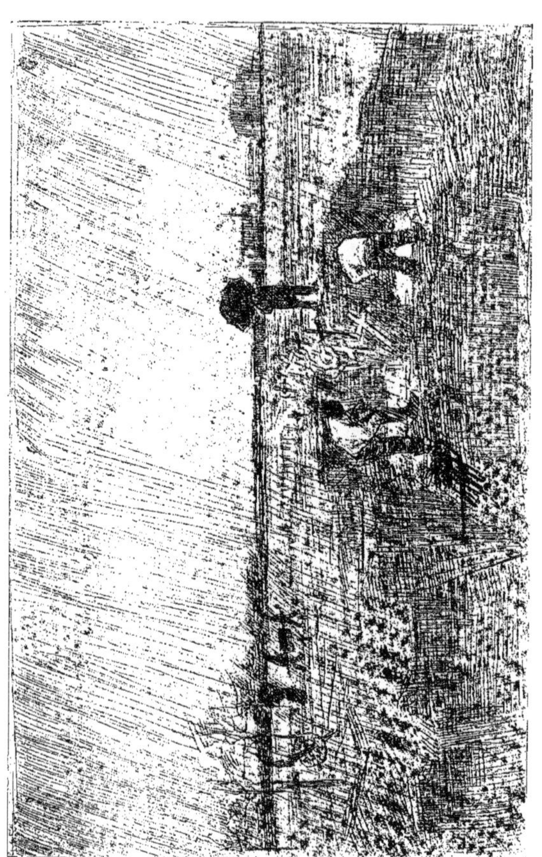

La Fosse Commune. (Paris 1886).

— XL —

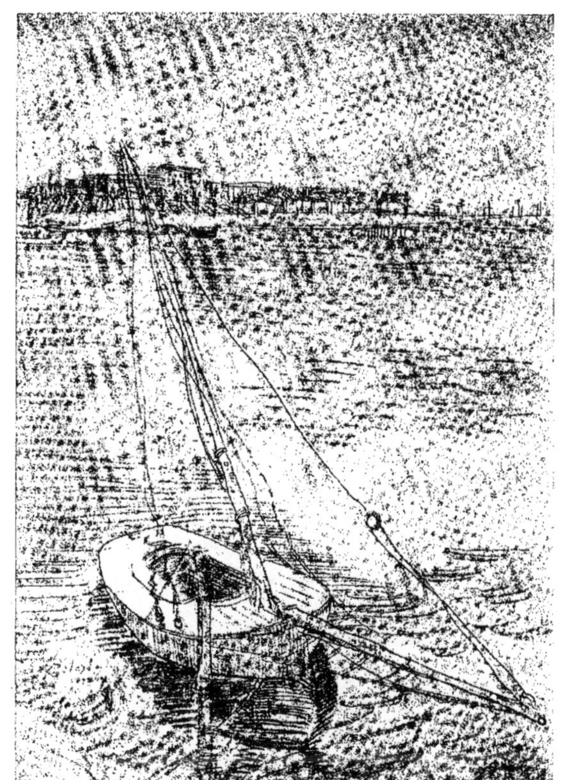

Barque à Asnières.

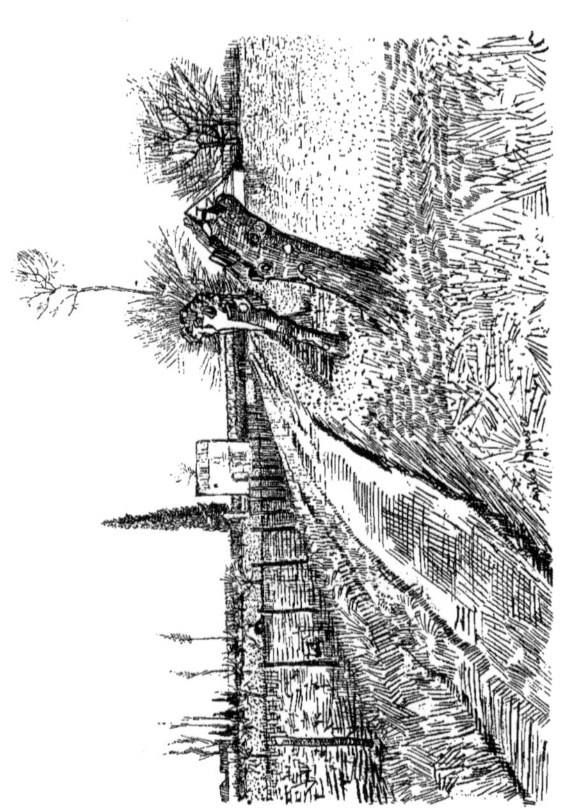

Le Sentier (Arles).

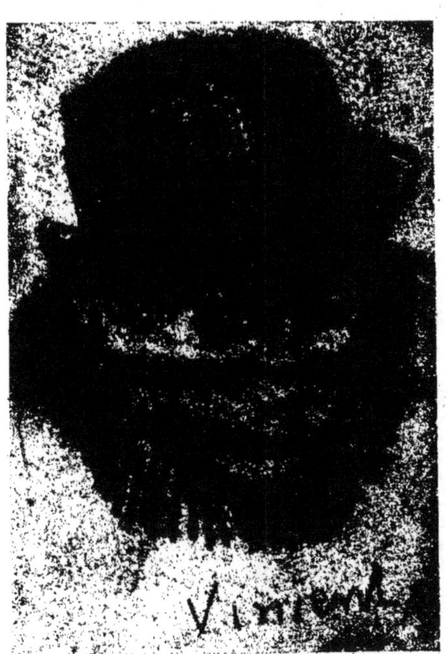

Croquis.

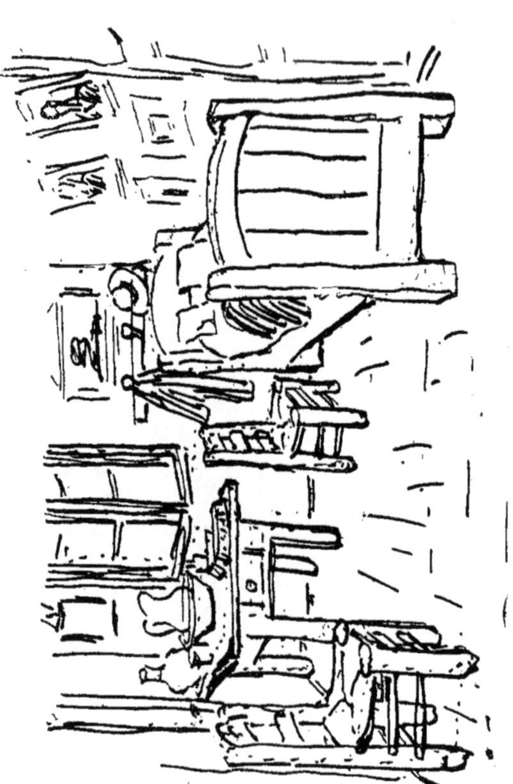

Chambre de Vincent à Arles.

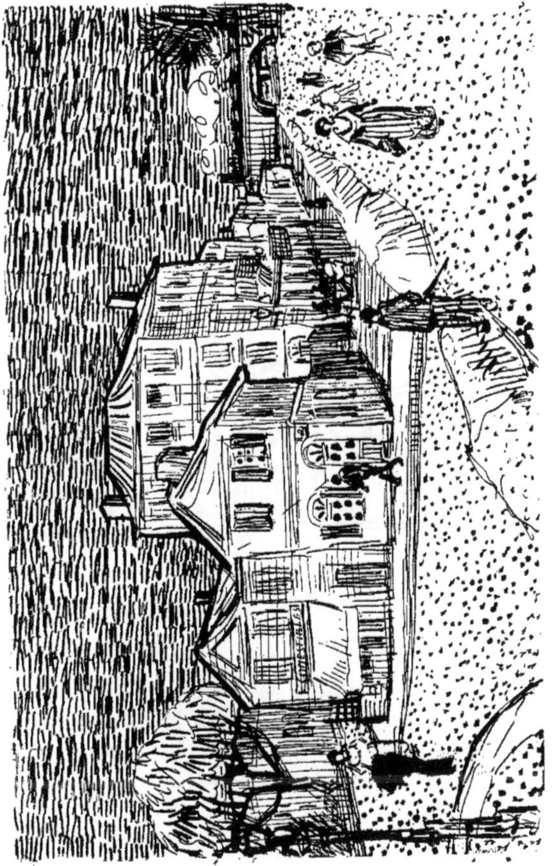

La Maison de Vincent à Arles.

— XLV —

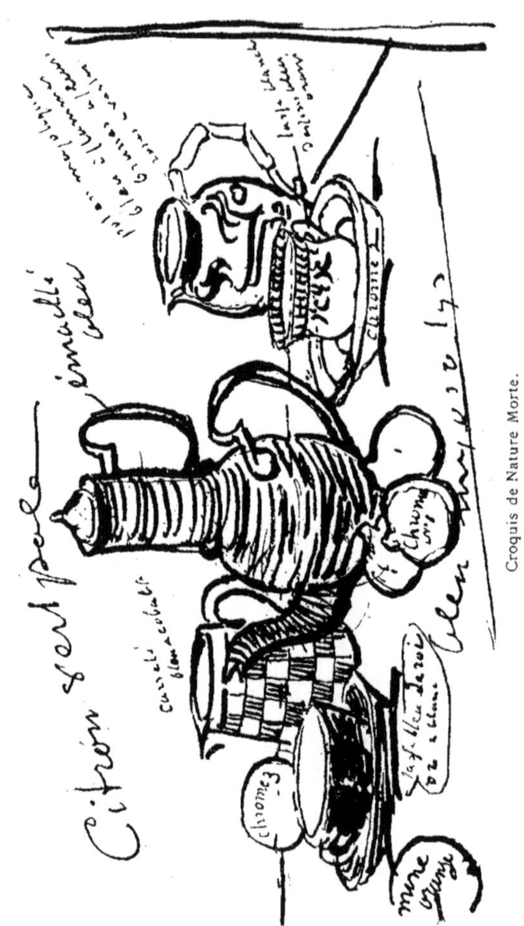

Croquis de Nature Morte.

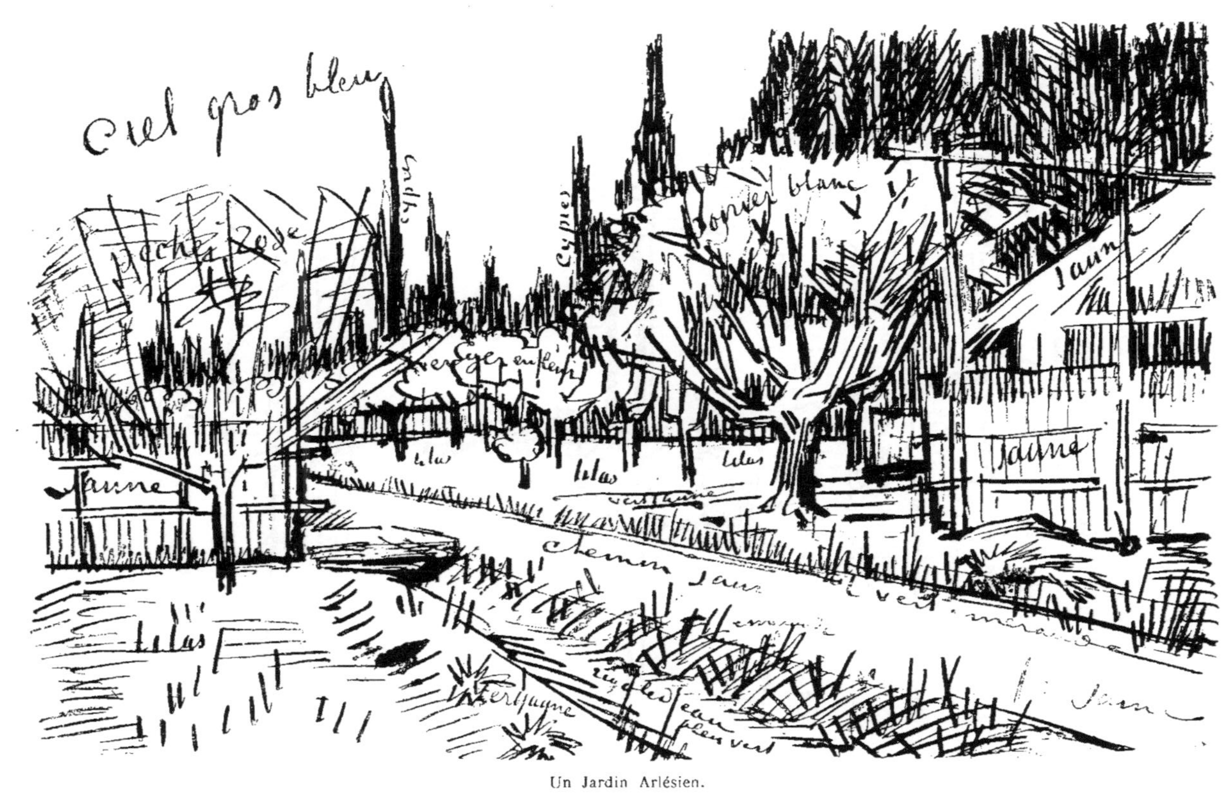

Un Jardin Arlésien.

Page de Lettre avec croquis.

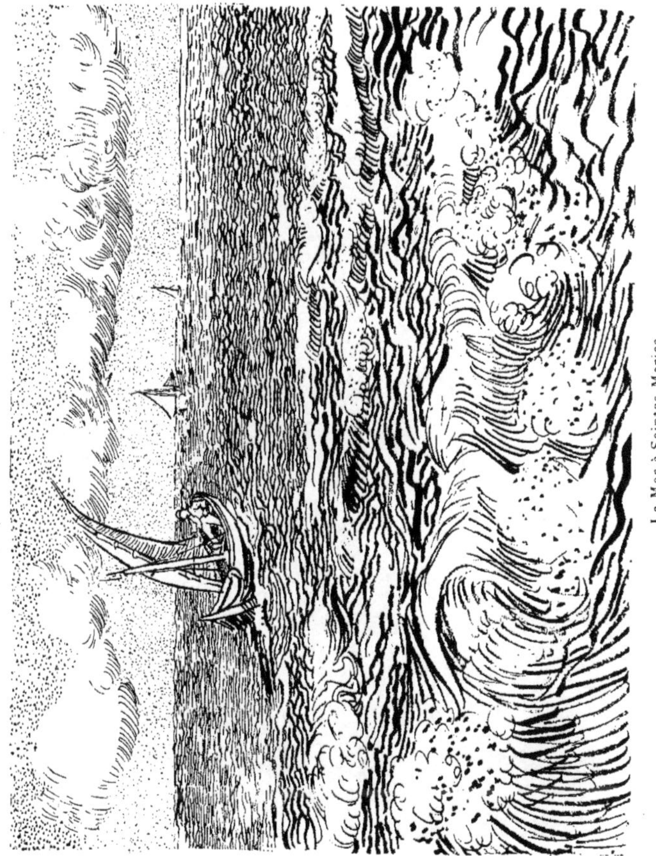

La Mer à Saintes-Maries.

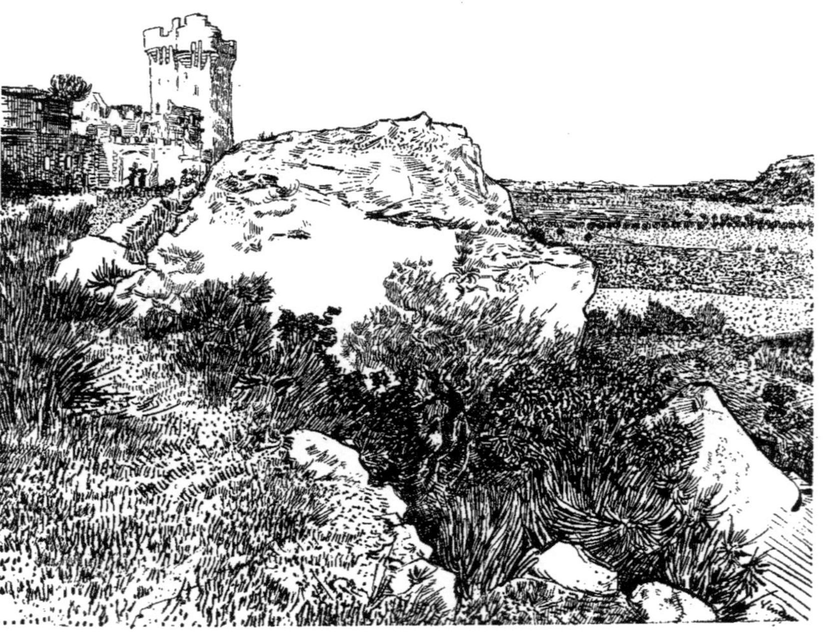

Montmajour.

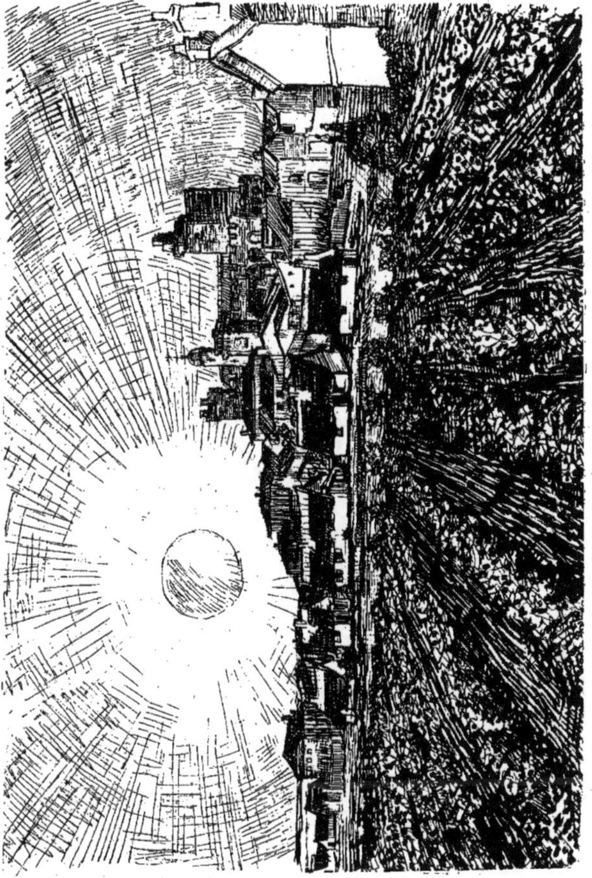

Soleil couchant à Montmajour.

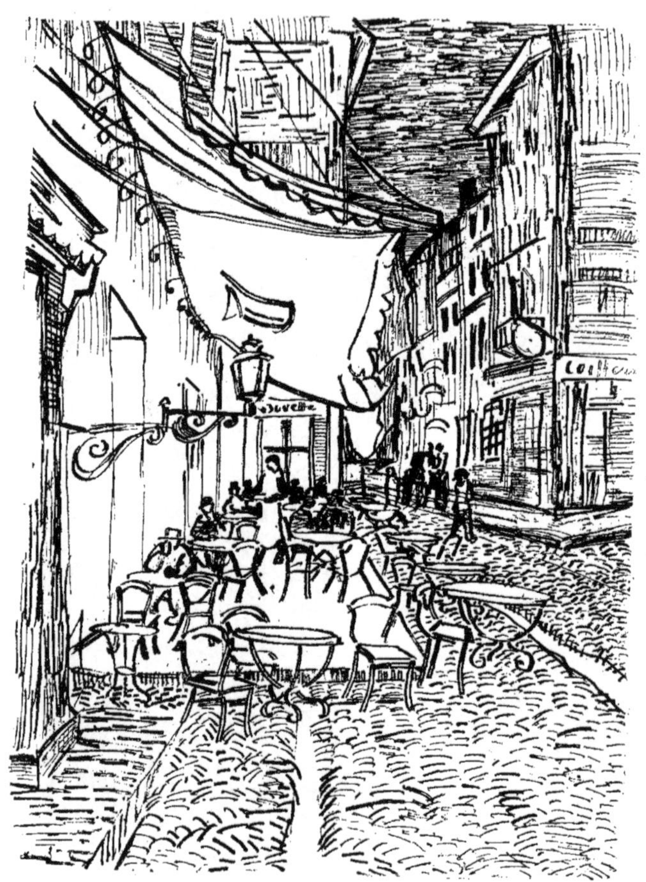

Un Café d'Arles.

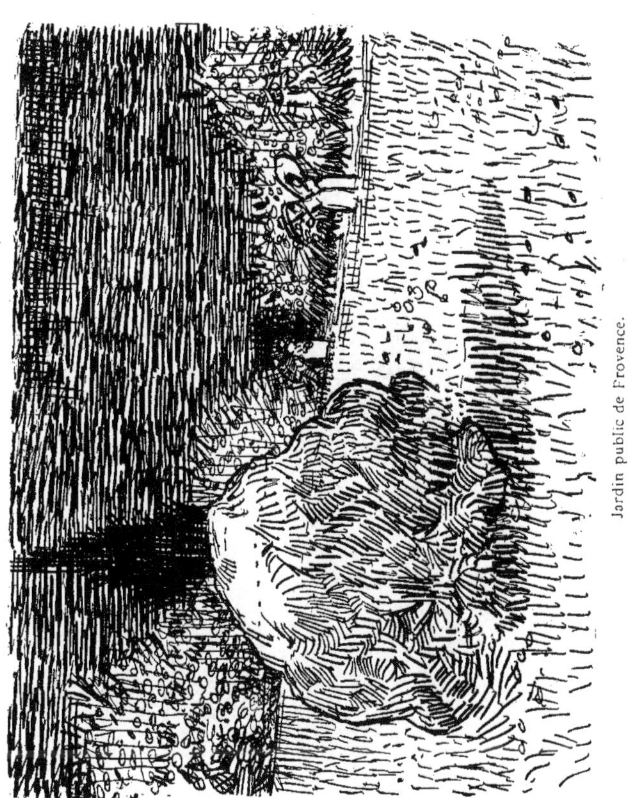

Jardin public de Provence.

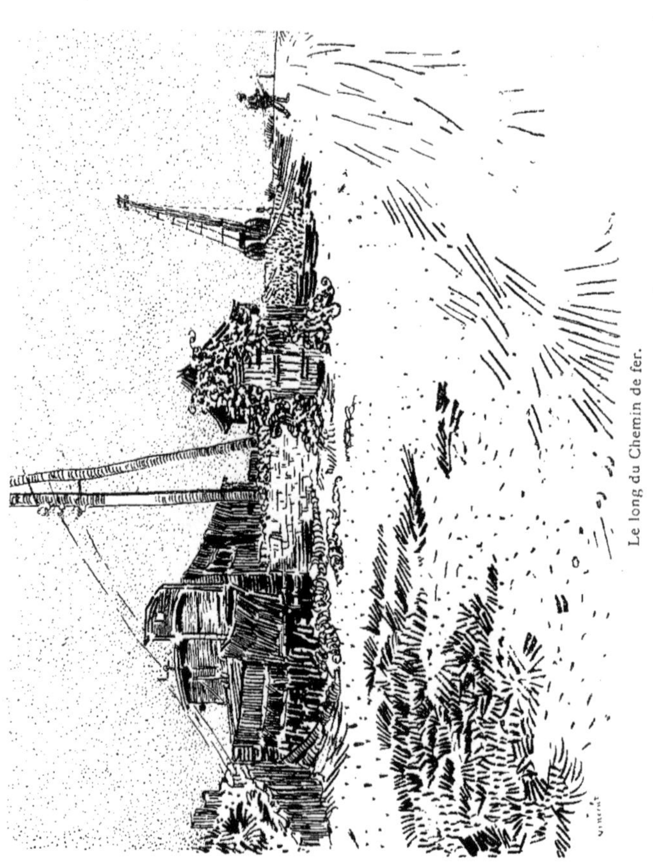

Le long du Chemin de fer.

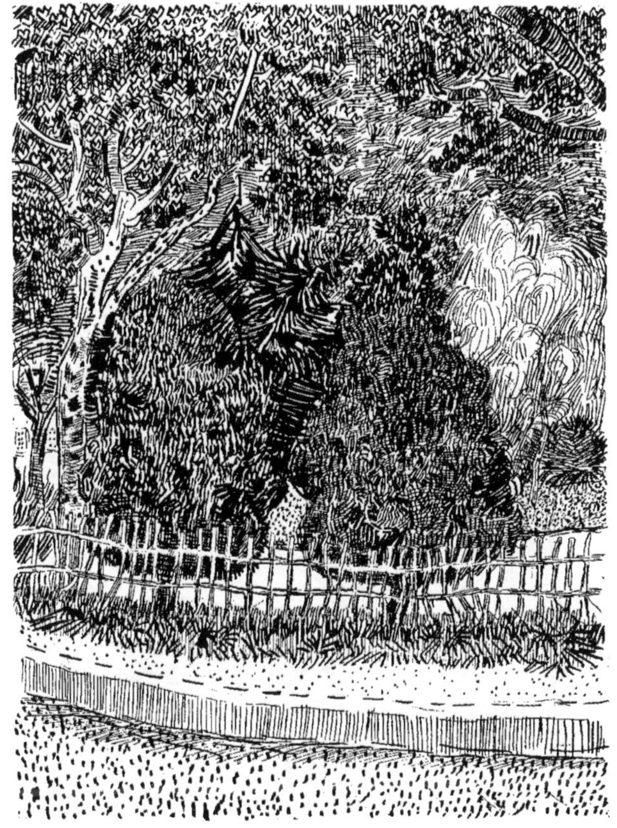

Jardin public.

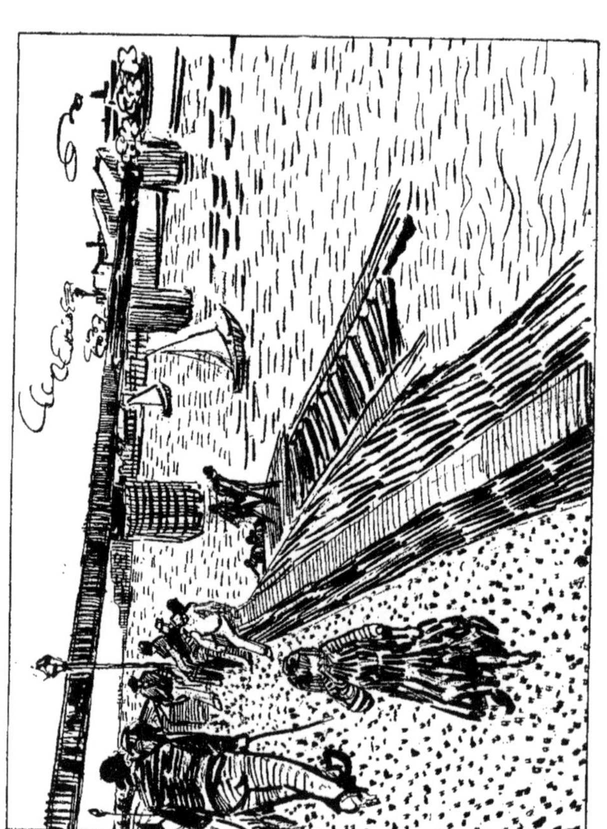

Le long du Rhône.

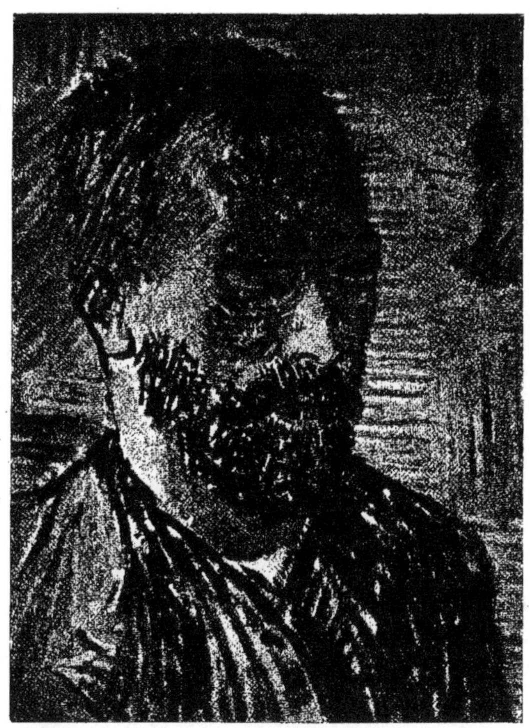

Portrait de Vincent lors de son départ pour Arles (1887).

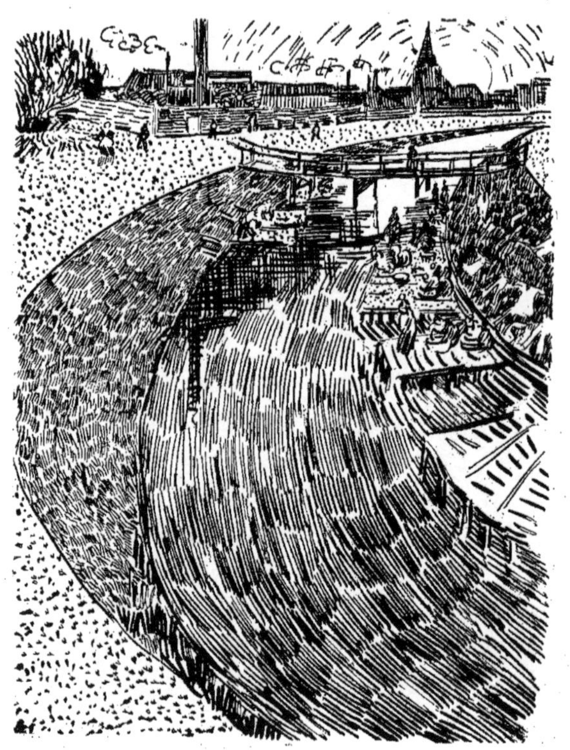

Les Lavandières.

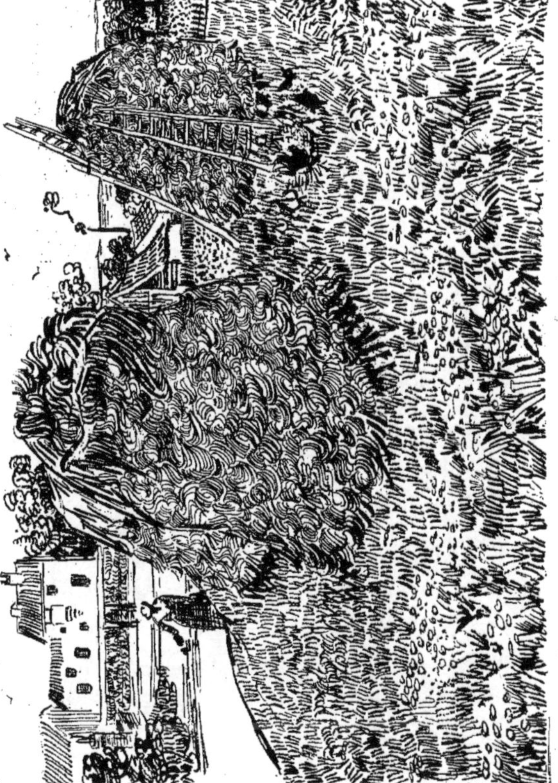

Les Meules.

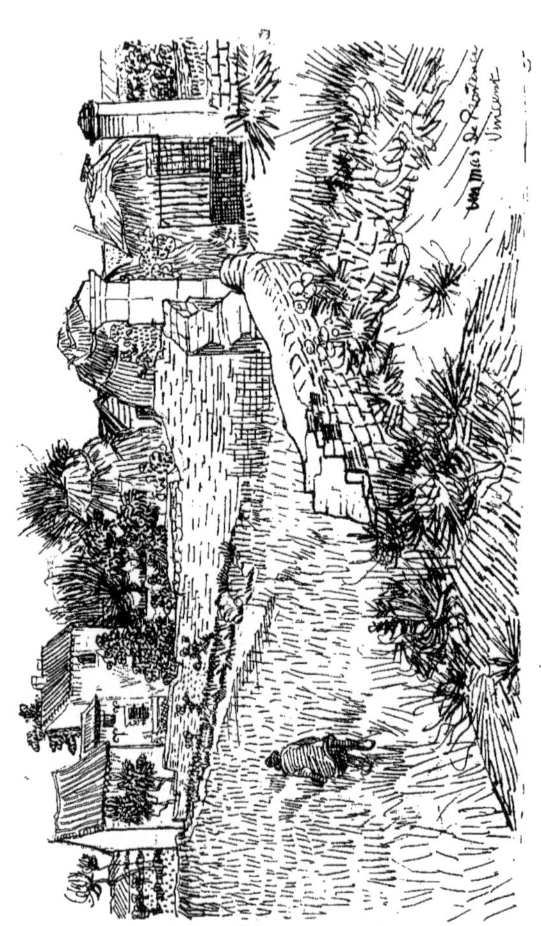

Un Mas de Provence.

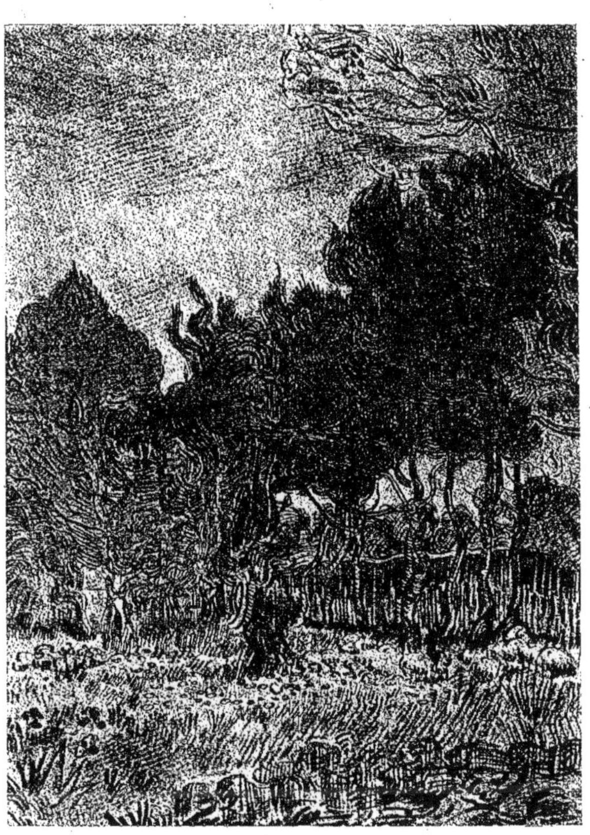

L'Enclos.

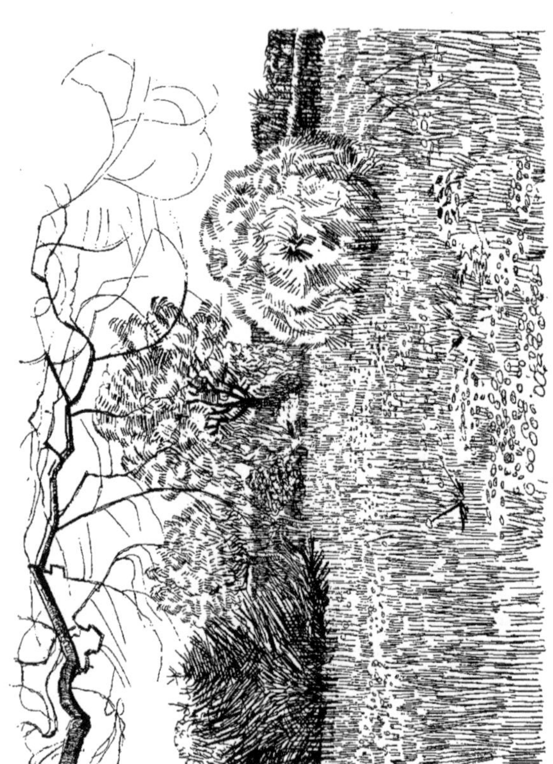

Jardin.

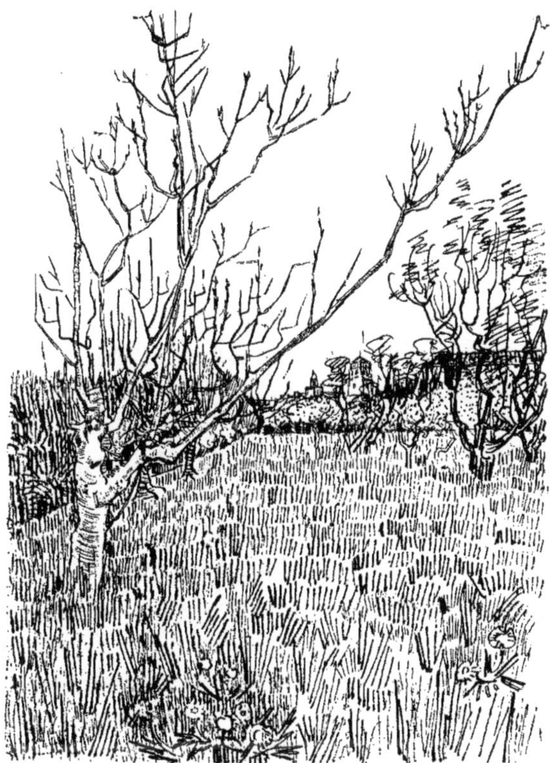

Le Foin.

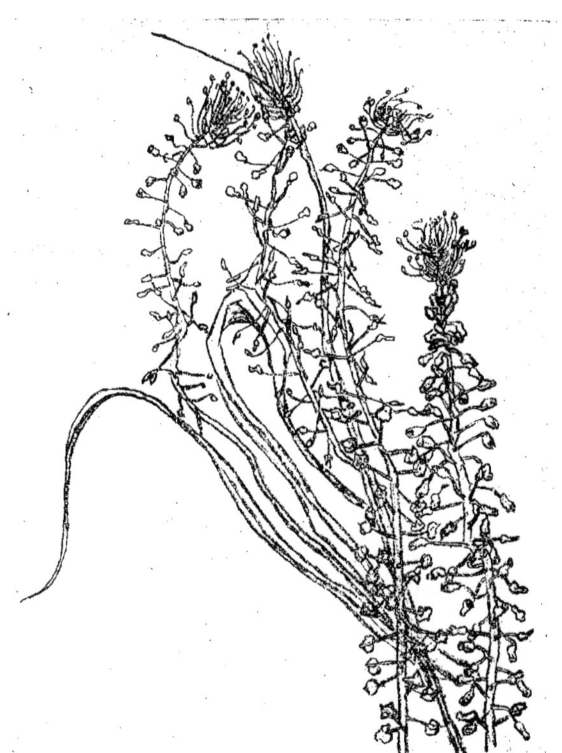

Étude de Plante.

— LXIV —

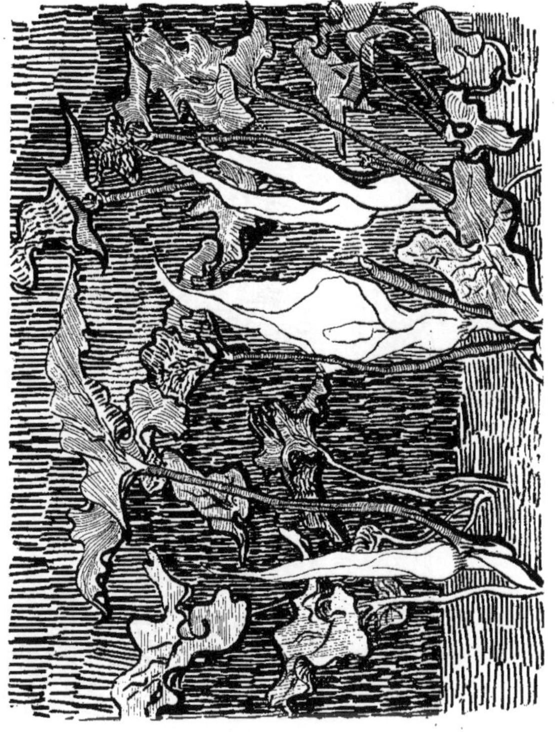

Étude de Plantes.

— LXV —

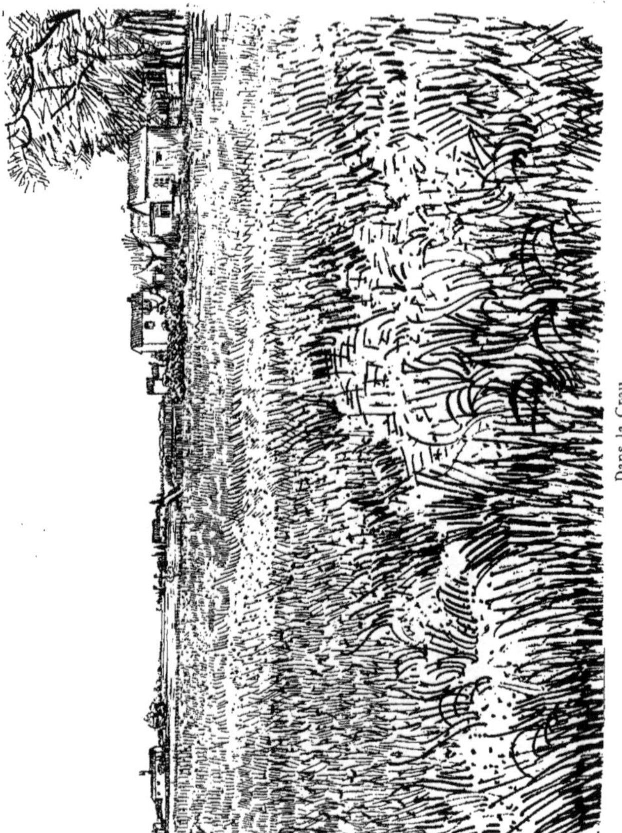

Dans la Crau.

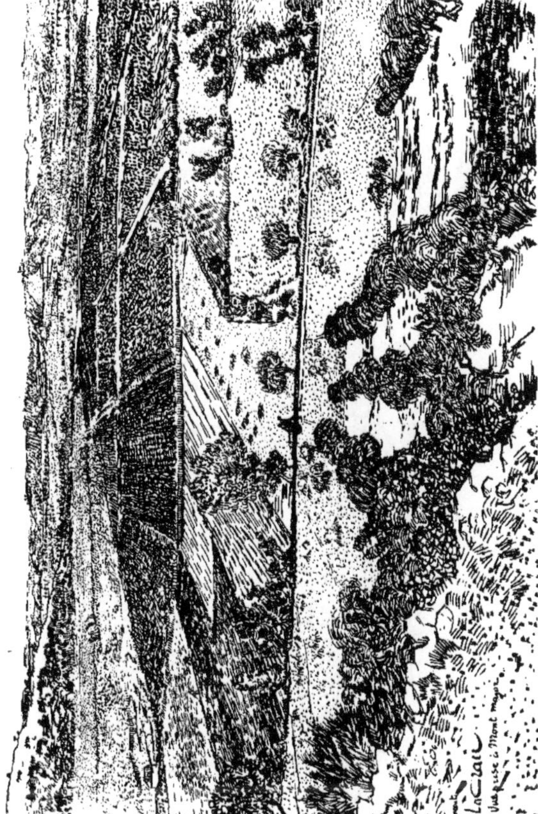

La Crau.

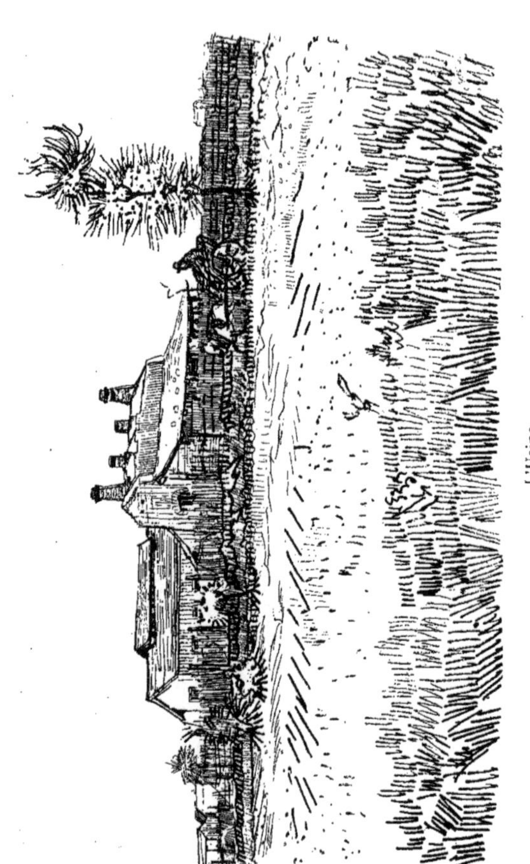

L'Usine.

— LXVIII —

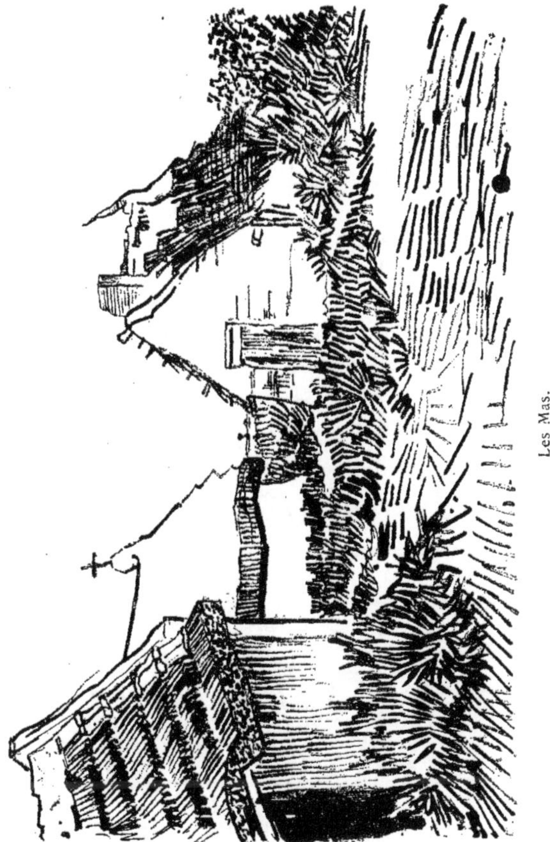

Les Mas.

— LXIX —

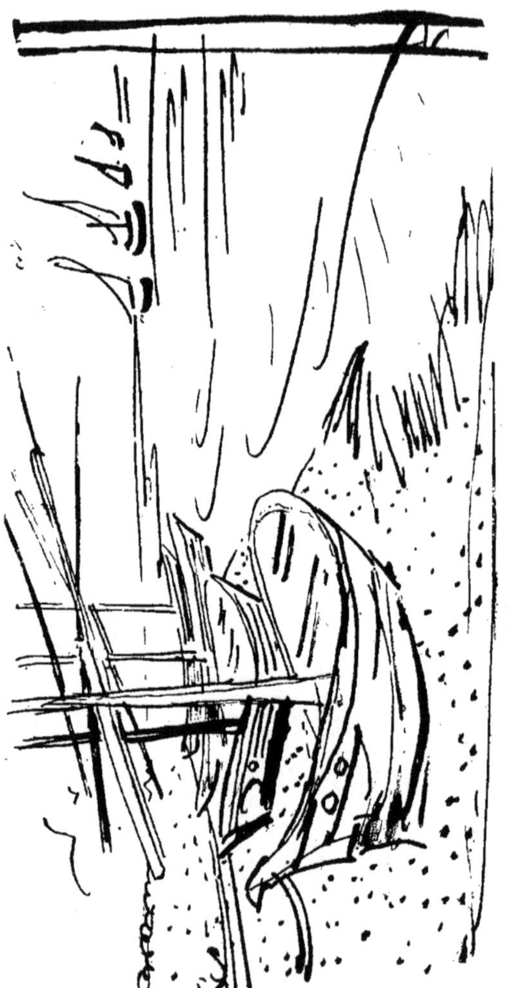

Barques à Saintes-Maries.

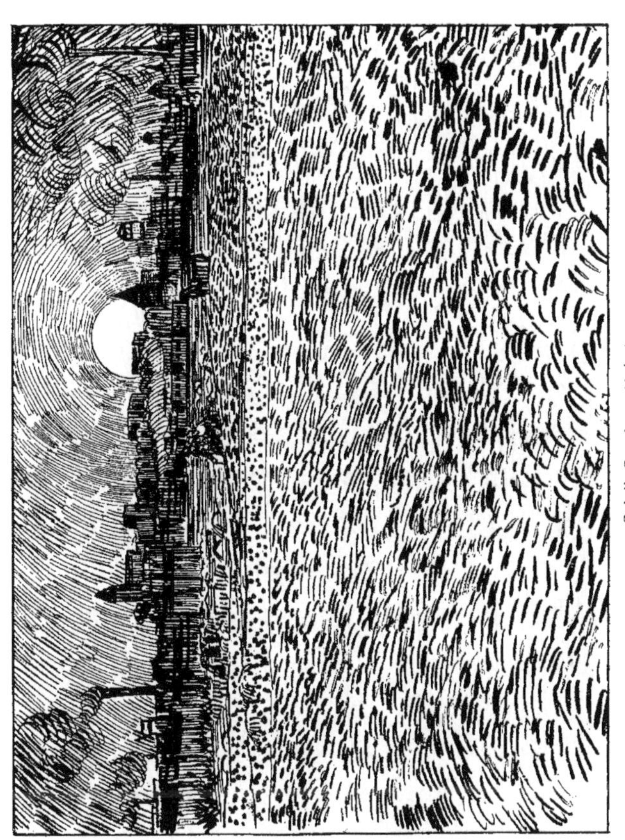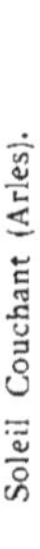

Soleil Couchant (Arles).

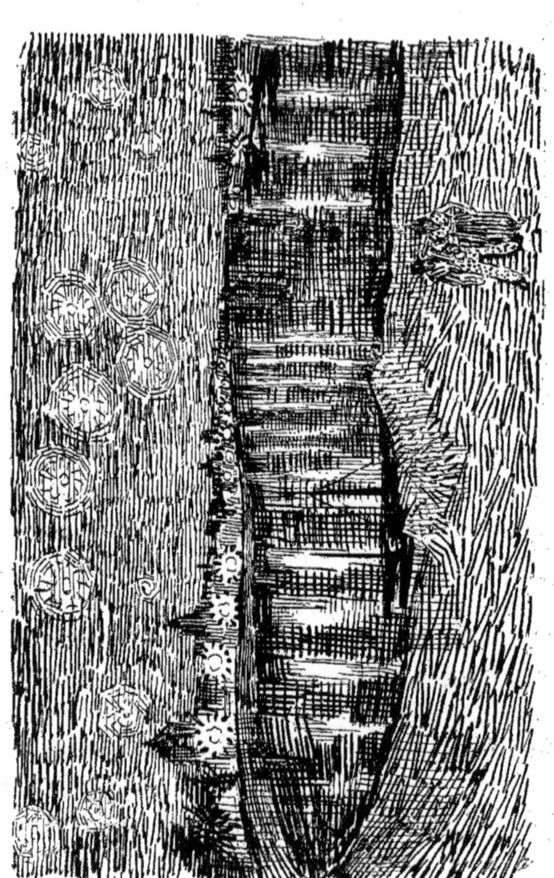

Nuit étoilée sur le Rhône.

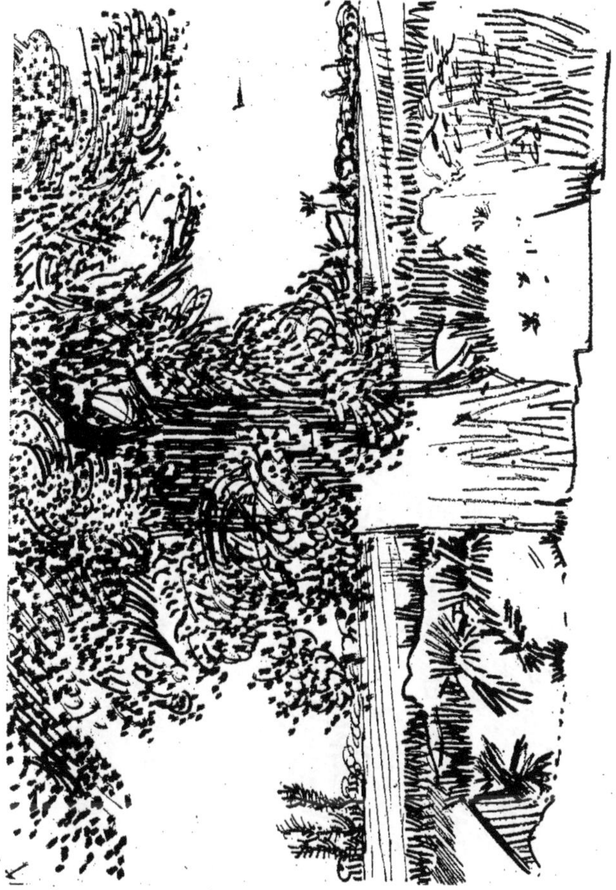

L'Arbre.

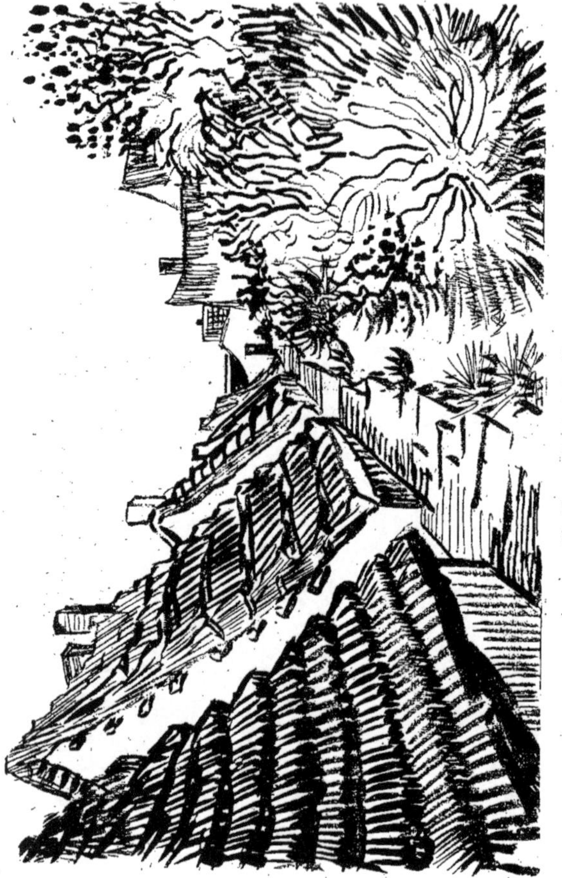

Les Mas au bord de la Mer.

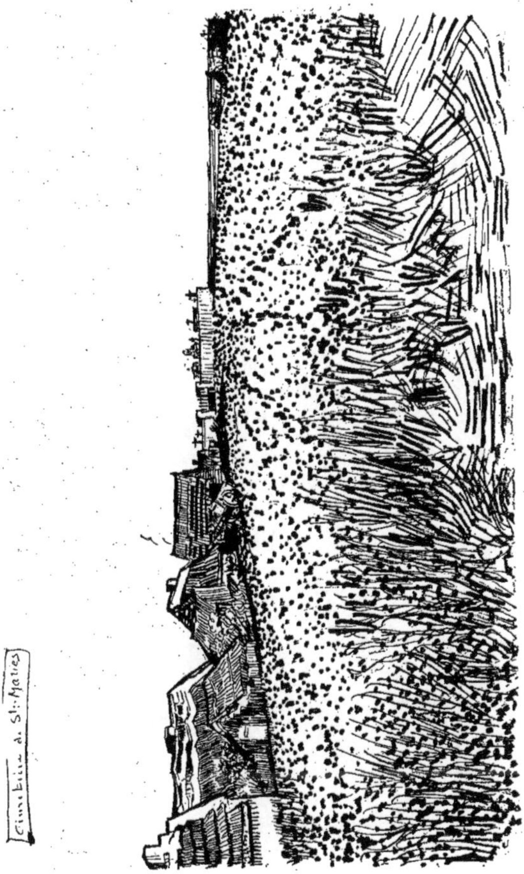

Cimetière à Saintes-Maries.

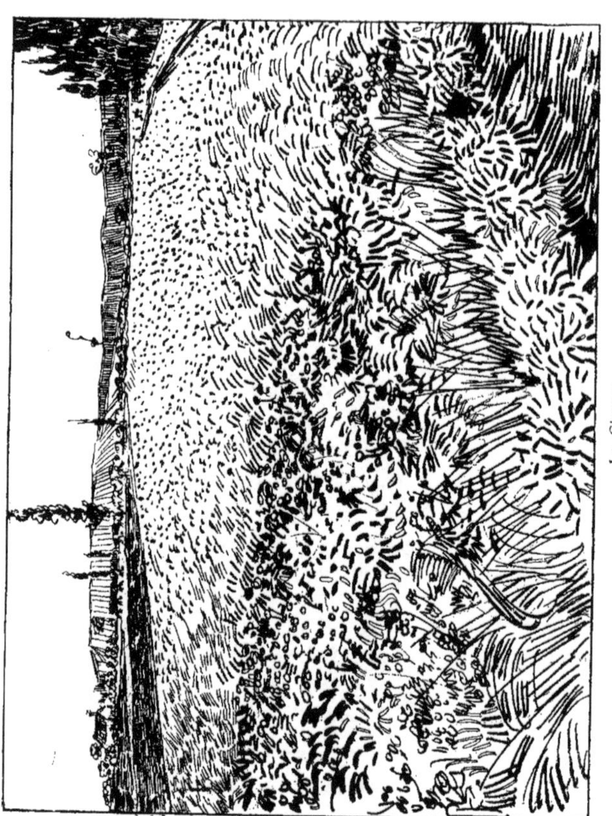

Le Champ.

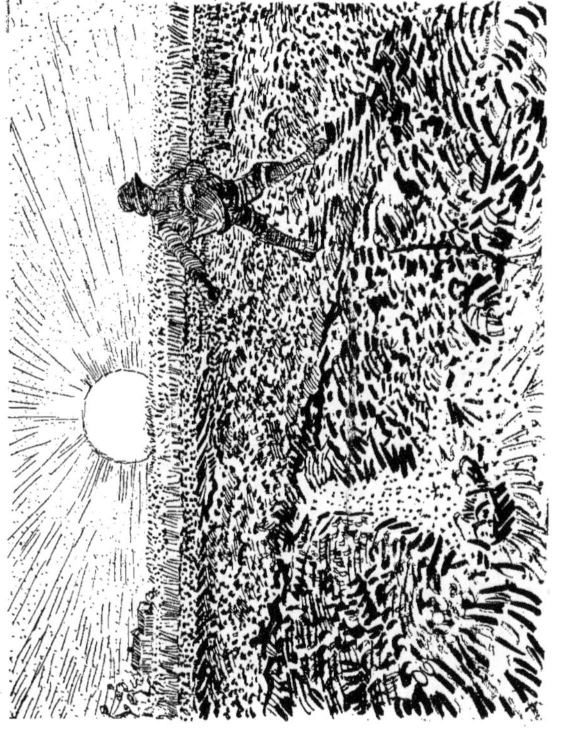

Le Semeur.

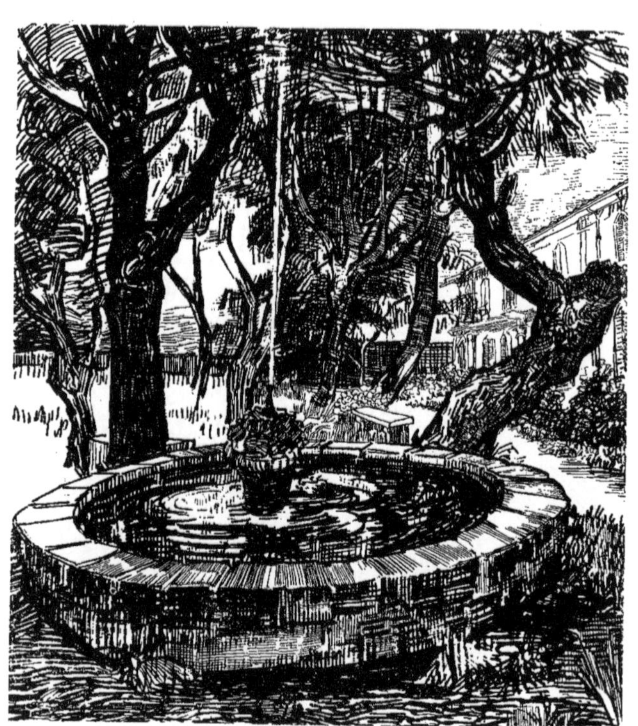

La Vasque abandonnée (Saint-Rémy).

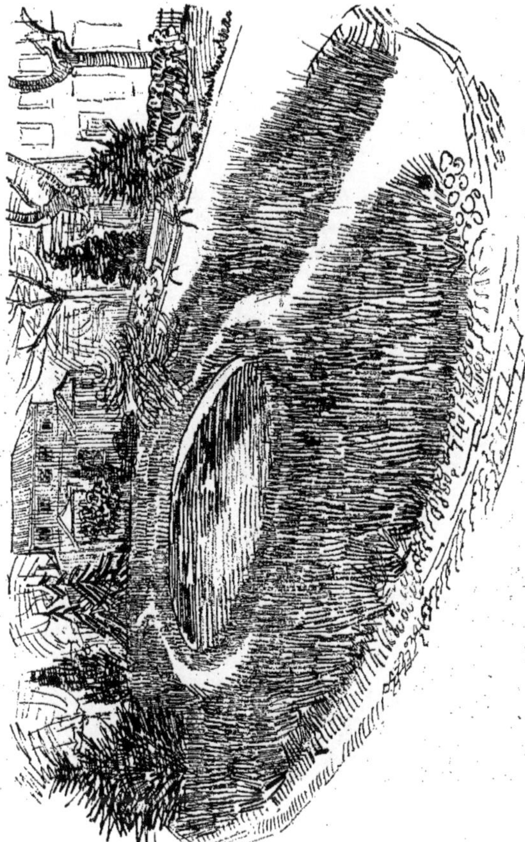

Le Jardin de Daubigný (Auvers).

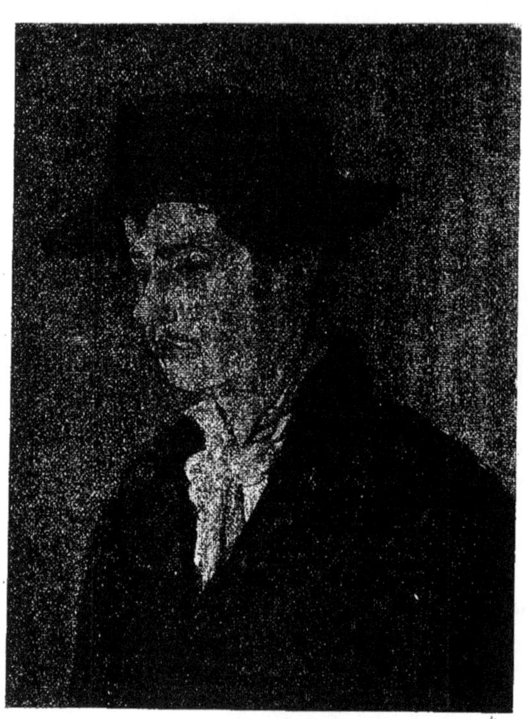

Un jeune Ouvrier.

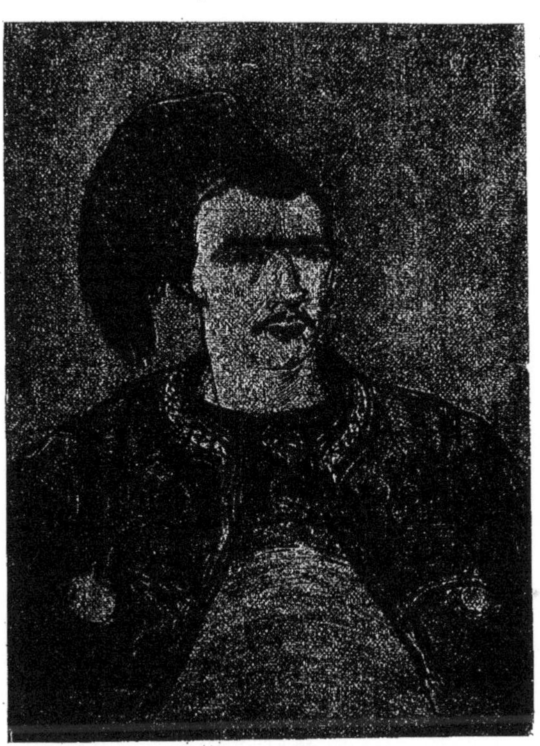

Le zouave Milliet.

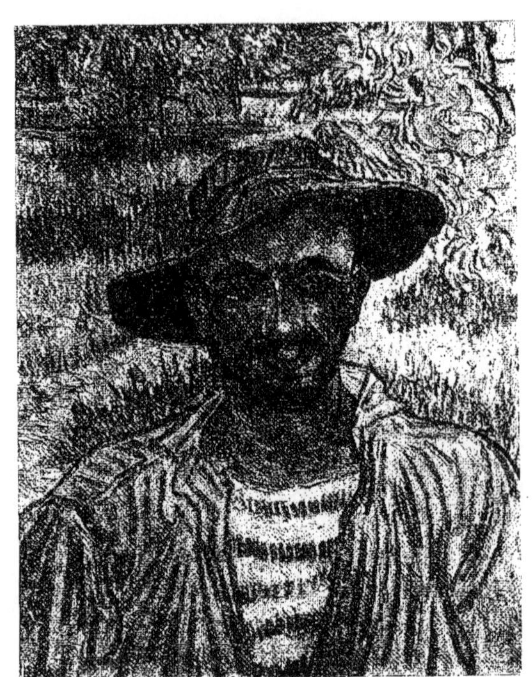

Paysan provençal.

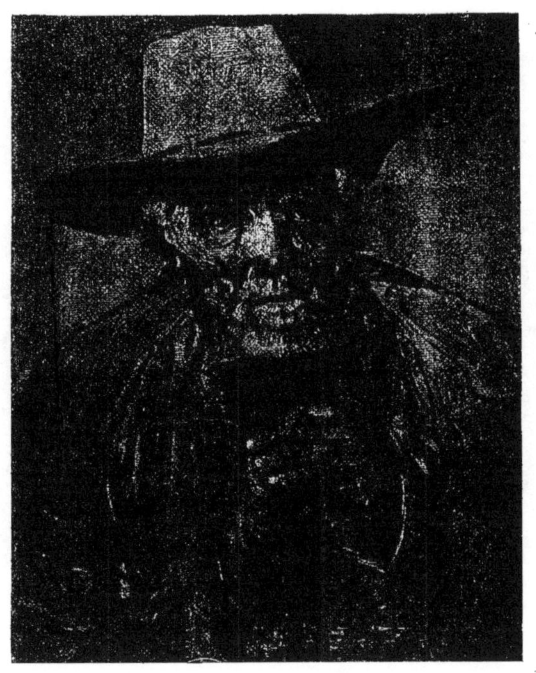

Vieux paysan d'Arles

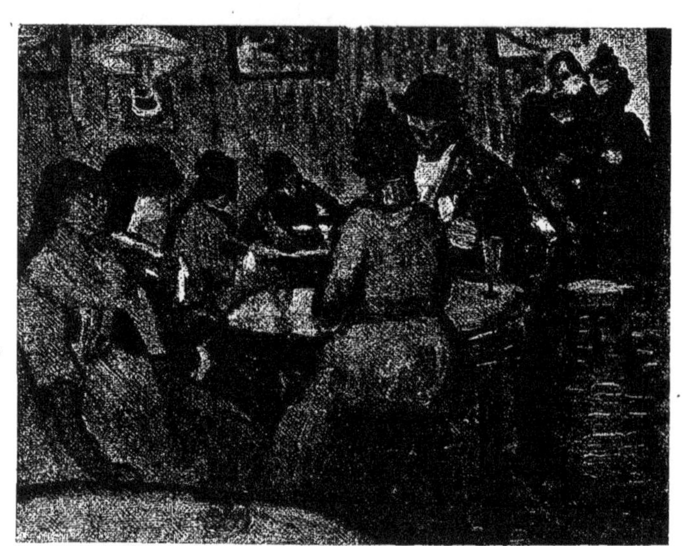

Le Lupanar.

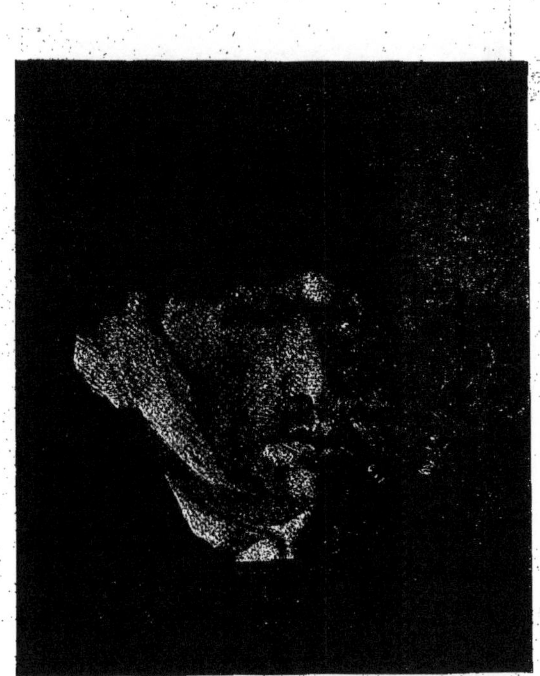

Vincent a l'oreille coupée.

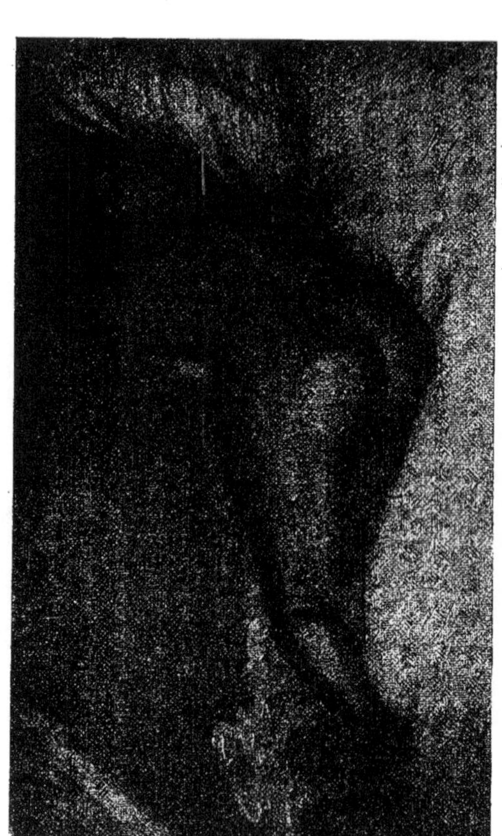

Femme au lit.

— LXXXVI —

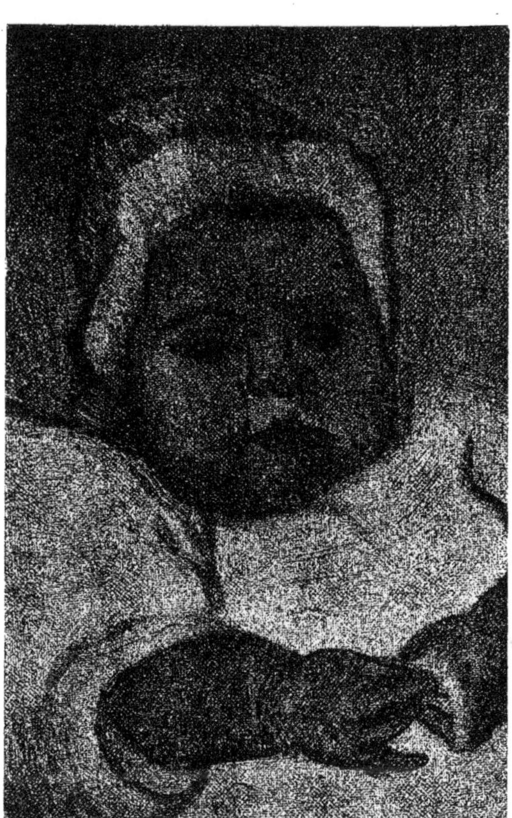

Le Bébé.

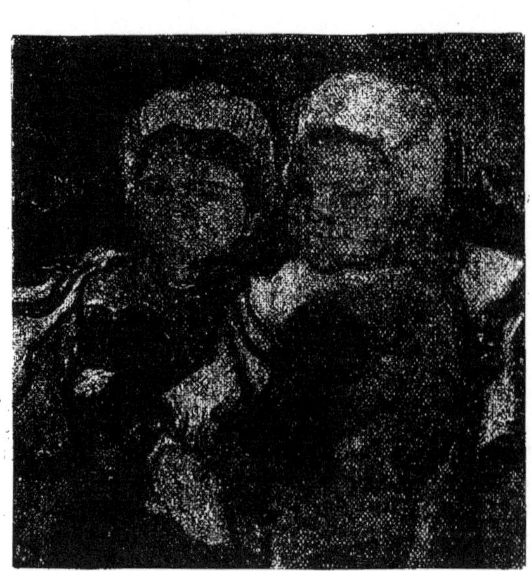

Les deux Enfants.

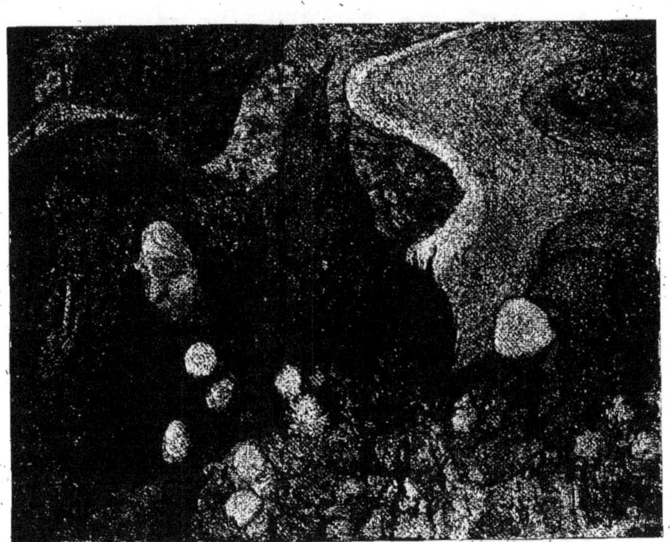

Panneau Décoratif (Arles).

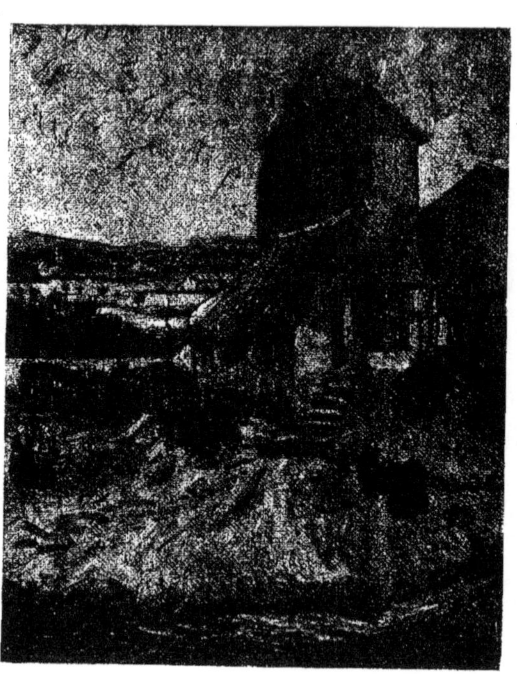

La Maison de la Crau.

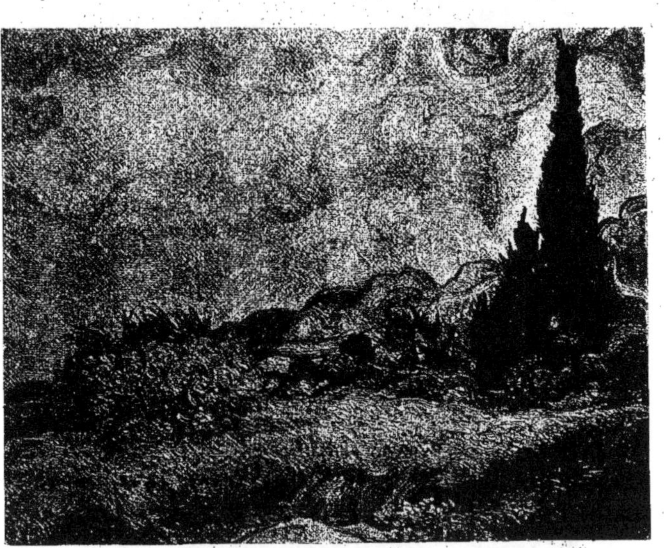

Le Cyprès et l'Arbre en fleur.

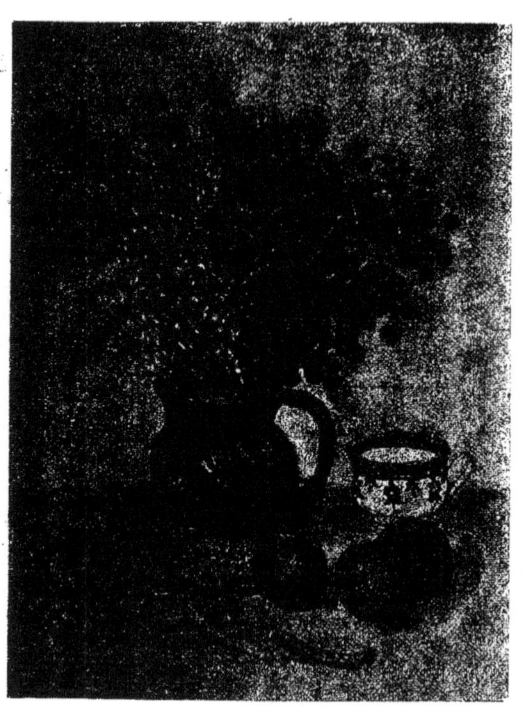

Fleurs et Oranges.

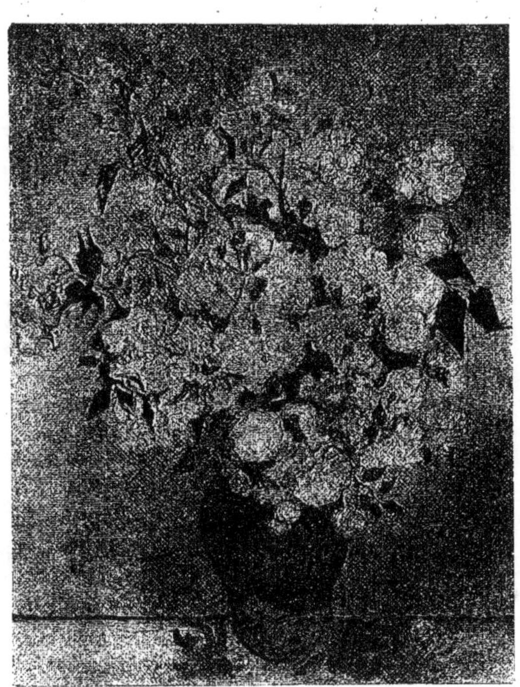

Les Roses.

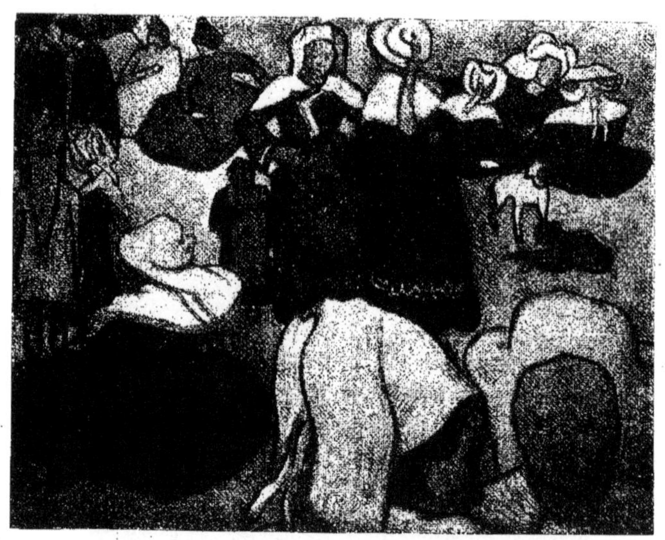

Bretonnes. — D'après un tableau d'Émile Bernard, 1888.

Cueille des Olives.

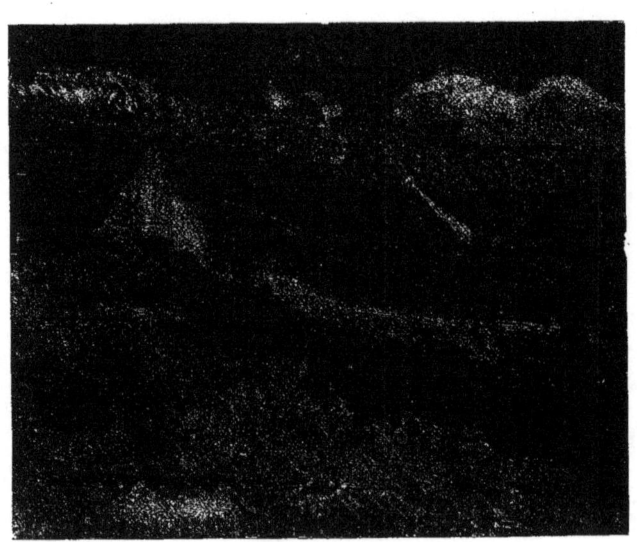

Paysage de Saint-Rémy.

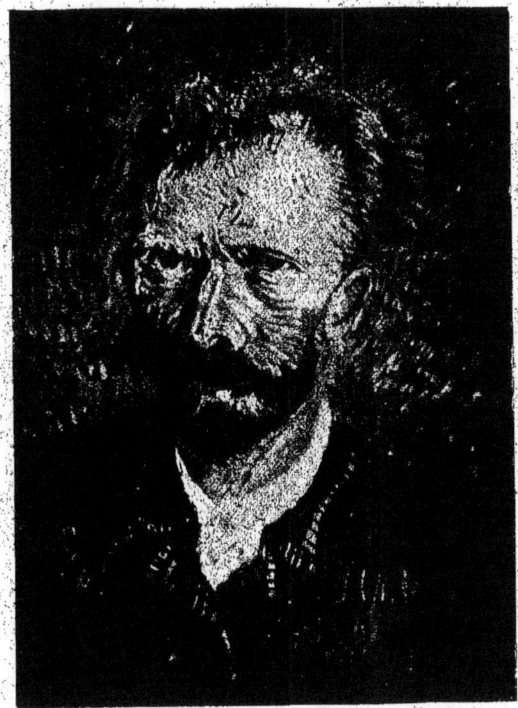

Portrait de Vincent (1887).

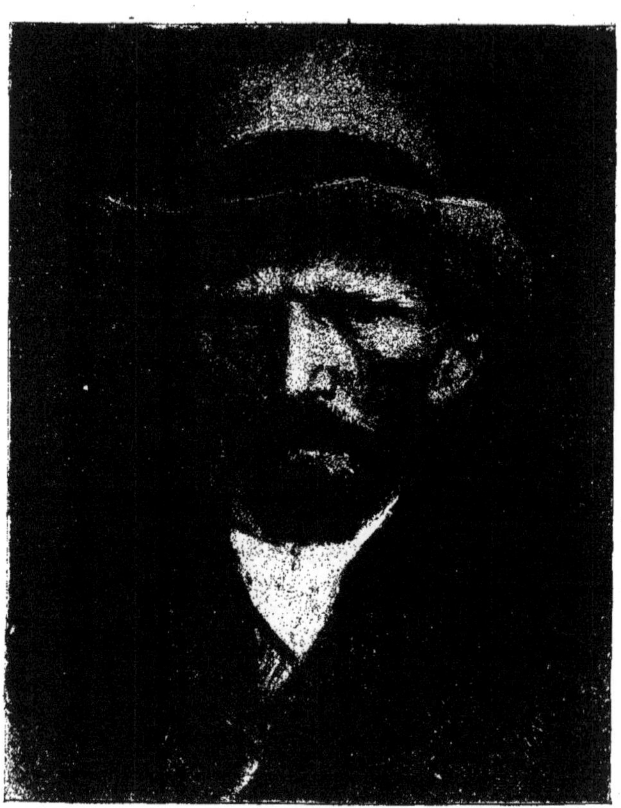

Portrait de Vincent (1887).

— XCVIII —

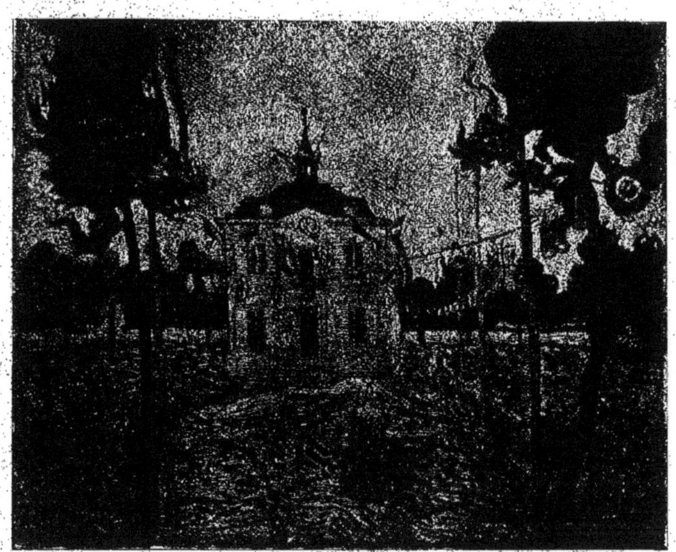

Mairie d'Auvers.

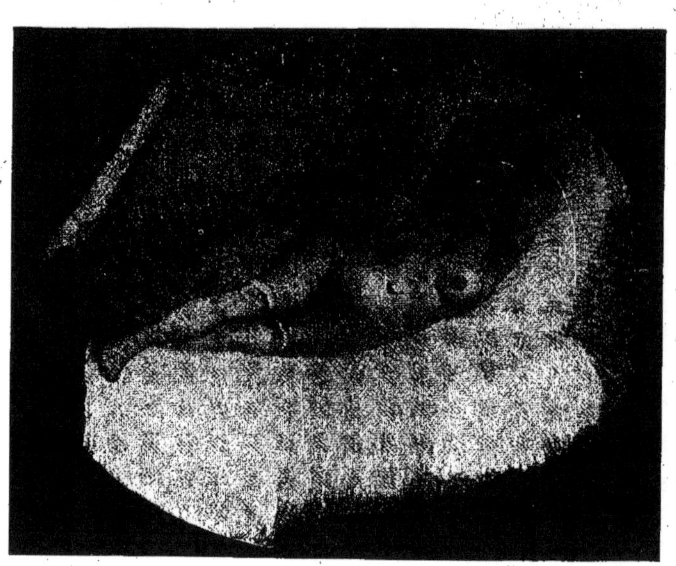

Femme Nue.

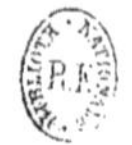

TABLE DU TEXTE

TEXTE

TABLE

DES

REPRODUCTIONS

FIN DE LA TABLE

Le TEXTE de ce livre a été imprimé par les soins de
M. PUYFAGÈS, imprimeur à TONNERRE (Yonne).

Les REPRODUCTIONS ont été imprimées par ceux de la
"REVUE ILLUSTRÉE", 6, rue de Savoie, PARIS.